" 나는 나 자신을 사랑할수록 내 이웃도 더 소중하게 생각하고 사랑할 수 있으며 기쁘게 살아갈 수 있다. 나는 존재 자체만으로도 가치 있는 사람이자 사랑받기 충분한 사람이다. "

행복한 삶을 만들어 갈

_____ 에게

_____ 드림

행복한 병원 종사자가 1%의 병원을 만든다

# 오늘도 나는
# 병원에 출근합니다

백하현 지음

## 목차

프롤로그  그때만이 할 수 있는 이야기가 있어요

| 1장 |  **DREAM**_이번 생은 병원종사자로 살겠습니다

1. 내 인생 5년 후  *14*
2. 진료팀장 해보시겠어요?  *19*
3. 내가 진짜 하고 싶은 건 뭘까  *23*
4. 실수해도 괜찮아  *27*
5. 책은 나의 스승이다  *31*
6. SNS에 내가 검색되게 하라!  *35*
7. 성공하고 싶다면 성공한 사람들이 있는 곳을 가라  *39*

# |2장| MYSELF _ 일단, 나부터 행복합시다

1. 나쁜 건 넌데 아픈 건 나야 46
2. 상처만 주는 자존감 VS 나를 지키는 자존감 50
3. 바닥난 자존감 회복을 위한 6가지 실천방법 55
   - PART 1 | 감사 일기를 써라 55
   - PART 2 | 있는 그대로의 나를 인정하라 59
   - PART 3 | '진짜' 긍정적으로 생각하라 63
   - PART 4 | 나를 사랑하라 66
   - PART 5 | 상대는 나와 다름을 인정하라 69
   - PART 6 | 선배에게 조언을 구하라 73

# |3장| RELATIONSHIP _ 즐거운 병원생활을 위한 관계와 커뮤니케이션

1. 수시로 아프다고 하는 팀원. 이거 꾀병 아니야? 78
2. 직장 내 뒷담화, 긍정적인 방향으로 이끌기! 82
3. 나와 상대를 성장시키는 피드백의 기술 86
4. 꼬여버린 직급과 경력, 어떻게 해결하지? 91
5. 퇴사 잘하는 방법 좀 알려 주세요 95
6. 칭찬은 조직의 성과도 춤추게 한다 100
7. 2000년생이 온다! 요즘 세대와 함께 일하는 법 104
8. 내 생각을 강요하지 말고 조율하기 109

## |4장| PATIENT _ 병원종사자의 사명, 환자관리

### 1부. 환자의 마음을 훔쳐라

1. 환자를 대할 때 가져야 하는 마음가짐 *117*
2. 병원에서의 친절은 기업에서의 CS와 다르다 *122*
3. 환자가 스스로 오게 하는 마법의 콜 관리법 *126*
4. 신뢰를 떨어뜨리는 3불 언어! – 안돼요, 없어요, 몰라요 *131*

### 2부. 업무의 효율을 높이는 환자관리

1. 기록: 직원 간 소통과 환자관리의 필수요건 *136*
2. 예약 브리핑: 원활한 커뮤니케이션과 진료 어레인지를 위한 시간 *142*
3. 설명: 컴플레인을 줄이는 사전설명, 동의서, 주의사항 *148*
4. 컴플레인 대처: 환자의 마음을 먼저 어루만져라! *152*

### 3부. 마케팅, 절대 하지 마라

1. 병원도 온라인으로 연결되어야 한다! 비대면 환자관리 *158*
2. 마케팅, 절대 하지 마라 *163*
3. 환자가 스스로 오게 하라 *168*

## |5장| SYSTEM_우리 병원만의 내부시스템을 구축하라

1. 어떤 병원을 만들고 싶은가? *174*
2. 우리 병원의 진짜 문제를 찾아라! *178*
3. 건강하고 행복한 병원을 만드는 힘! 회의문화 *184*
4. 업무의 스트레스를 낮추고 고효율을 내는 업무분장시스템 *190*
5. 우리 병원만의 내부시스템을 구축하라 *196*
6. 살아있는 매뉴얼 VS 죽은 매뉴얼 *201*
7. 신입직원 매뉴얼, 이거면 돼! *206*

## |6장| FINAL_행복한 병원종사자가 1%의 병원을 만든다

1. 즐겁고 건강한 조직문화, 내가 만든다 *214*
2. 나를 브랜딩하는 마법의 포트폴리오 *218*
3. 행복한 병원종사자가 1%의 병원을 만든다 *222*

프롤로그
―
## 그때만이 할 수 있는 이야기가 있어요

"그때만이 할 수 있는 이야기가 있어요."

내가 매 순간 도전할 때마다 힘이 되어준 말. 이 말은 강사 선발대회에 나가는 것을 고민하고 있을 때 다온C.S.M컴퍼니(이하 다온) 이세리 대표님이 내게 해준 것이다. 고등학교 때 치과위생사와 함께 강사를 꿈꿨지만 막상 강사 선발대회에 출전 기회가 주어지자 망설였다. 강사는 무언가 감투가 있어야 할 수 있는 특별한 것이라고 생각했다. 실장이 되든, 전문가가 되든 '어떤 위치'에 서야 비로소 강사가 될 수 있을 거라는 생각은 '부족한 내가 강사가 될 수 있을까?'라는 것으로 이어졌다.

그러다 우연히 실장 없는 병원에 팀장으로 일하게 되었다. 기회는 이때라고 생각했다. 강사가 되는 데 필요한 실무 경험치를 쌓을 좋은 기회를 놓칠 수 없었다. 팀장으로서 이것저것 병원에 도움이 될 수 있는 것들을 기획하고 실행했다. 하지만 그럴수록 직원들은 힘들어하고 원장님은 그렇게 하는 게 아니라며 화를 냈다. 나는 열심히 하려고 한 것인데 화를 내는 원장님을 보며 내 마음을 몰라주는 것 같아 속상했다.

이 모든 게 내가 부족해서 그런 것만 같았다. 그래서 더 잘하려고 주말에도 쉬지 않고 세미나를 들으러 다녔다. 그 당시 나는 무엇이 부족한지 모른 채 그저 앞만 보고 질주하는 경주마였다. 좋아 보이는 세미나는 닥치는 대로 신청하고 전부 들었다. 그럼에도 채워지지 않는 무언가에 계속 갈증을 느끼며 이곳저곳을 기웃거렸다.

그러던 중 수강생으로 다온을 만나게 됐다. 단순히 자신만의 노하우나 그 병원만의 특별한 무언가를 이야기하는 것이 아닌 병원별로 시스템을 구축해야 한다는 말에 호기심이 일었다. 사실 처음에는 정답이란 없고 문제의 문제를 찾아야 한다는 말에 외계어를 하는 줄 알았다. 그런데 하나씩 알아갈수록 내게 부족했던 점이 무엇인지 알 것 같았다. 또 그동안 정답만 찾아 헤맸던 내게 사실 정답은 없고 상황에 따라, 병원에 따라, 지역에 따라 달라질 수 있다는 사실을 알려주었다. 그리고 그건 특별한 누군가가 아니라도 할 수 있고, 충분히 훈련을 통해 안목을 키울 수 있다는 것도 알았다. 그렇게 다온의 매력에 빠져 세미나가 있을 때면 매번 참석하다시피 하며 인연을 만들어가기 시작했다.

그 후 감사하게도 다온 안에서 많은 기회가 생기기 시작했고, '나'와 '나의 삶'에도 크고 작은 변화가 일어나기 시작했다. 그해 11월, 나는 다온에서 강사과정을 통해 강사로서 나설 준비를 했다. 강사과정은 내 삶을 바꿔준 인생과정이었다. 단순히 강의 스킬을 알려주는 것이 아니라 책을 읽고 토론하며 그 내용을 실행에 옮기는 힘과 감사 일기를 쓰면서 나를 돌아보고 성장시키는 힘을 주었다.

내가 병원을 그만두고 이직을 준비하던 때, 운이 좋게도 다온이 컨설팅하는 병원에서 팀장을 구한다기에 망설임 없이 지원했다. 대표님과 이사님들을 보며 병원 컨설턴트에 대한 꿈을 그려가던 시기에 너무나도 귀한 기회라고 생각했다.

그렇게 A병원에 팀장으로 일하게 되었을 때, 위치가 위치이다 보니 직원들과 친해지는 게 쉽지 않았다. 하지만 외롭고 힘들어할 겨를도 없이 여기저기 발생하는 문제들을 해결하느라 동분서주했다. 이전 병원에서 그랬던 것처럼 나는 그저 열심히 일했다. '내가 생각하는 일의 방식'대로 '열심히'말이다. 서로 커뮤니케이션을 통해 문제를 해결하는 것이 아니라 그저 내가 생각하는 것이 맞다 여기고 그대로 밀고 갔다. 내가 볼 때는 이게 정답인데 자꾸 다른 길로 가는 것이 답답했다.

그게 문제였다. 그건 그저 '내 생각일 뿐'이었다. 결국, 직원들과의 관계는 더욱 어려워졌고 원장님과의 신뢰도 깨지는 것 같았다. 병원컨설팅을 배워보겠다며 자신있게 지원해서 온 만큼 부끄럽지 않게 잘하고 싶었는데 그러지 못하는 내가 너무 밉고 싫었다. 그때의 건강하지 못했던 그 마음을 환자는 물론 동료와 원장님도 느꼈을 것이다. 그 당시에는 몰랐지만 시간이 지나 내 마음이 조금 더 단단해진 후 그때를 생각하니 자신을 미워하고 힘들게 한 나에게 미안하고 안쓰러운 마음이 들었다.

A병원을 퇴사하고 또 다른 B병원의 매니저로 입사를 준비하며, 제대로 컨설팅을 배우고 싶은 마음에 다온에서 진행하는 병원컨설턴트 과정을 수강했다. 10여 년간 300여 곳의 병원을 컨설팅한 경험과 노하우를 쏟아내 주셔서 전부 흡수시키기는 힘들었지만, 지금까지 내가 경험한 것들을 바탕으로

이해하며 들었다. A병원에서 팀장으로 일하며 경험했던 것, 컨설턴트 과정에서 배웠던 것, B병원에서 매니저로 일하며 경험한 것이 모두 매칭되면서 첫 번째 병원에서는 제대로 보지 못했던 문제점들이 보이기도 하고, 상황을 탓할 법한 문제에 대해서도 다시 생각해보게 되는 힘이 생기기 시작했다.

물론 책을 읽는 습관, 선배 강사님들의 조언, 대표님 및 강사님과 함께했던 유튜브 콘텐츠 〈따뜻한 조언〉도 큰 역할을 했다. 이 과정을 통해서 나는 객관적으로 바라보려는 연습과 함께 내 마음에 집중하고자 했다. 그러자 내가 하고 싶은 것들, 해야 할 것들, 문제점들을 조금은 객관적으로 바라볼 힘이 생기는 것 같았다. 출근길이 즐겁고 일이 더 재밌어지기 시작했다.

다온의 슬로건은 '직원이 행복해야 고객이 행복하고, 고객이 행복해야 병원이 행복하다'이다. 잘되는 병원을 만들기 위해 다온이 중요하게 생각했던 것은 바로 '직원'이었다. 내가 입사했던 병원 직원의 입장에서, 또 컨설턴트 수련생의 입장에서도 느낀 바이다. 내가 직원이라면 하고 싶은 것은 무엇인지를 먼저 찾은 다음 그걸 토대로 직원의 성향을 고려해 업무를 분담하고 병원에 맞는 맞춤 시스템을 구축해가니 직원들도 힘들어하지 않고 잘 따라주었다.

문득 이 슬로건을 많은 사람에게 제대로 알려주고 싶어졌다. 병원종사자와 병원컨설턴트 수련생의 입장, 이 양쪽을 제대로 이해하고 전달할 수 있는 사람은 중간자인 나밖에 없다는 생각이 든 것이다. 해서 약간은 무거운 책임감과 함께 이 글을 시작하게 되었다.

나는 감히 병원종사자들의 희망이 되고 싶다. 비록 내가 전문 컨설턴트로서 병원의 컨설팅 이야기를 전문가답게 체계적으로 풀어서 얘기할 수는 없지만 '그때만 할 수 있는 이야기가 있다.'고 생각한다. 나는 아직 너무나도 부족한 사람이다. 실수도 하고 상처를 주기도 하며, 깨지기도 하고 넘어지기도 한다. 하지만 그런 내게 괜찮다고 얘기해주는 사람들, 할 수 있다고 응원해주는 사람들, 도와주고 함께해주는 귀인들이 있어 다시 일어나서 앞으로 걸어갈 힘을 얻는다.

인성의 궁극적인 목적은 '행복'이라고 한다. 병원종사자로 살아가는 우리가 행복하기 위해서는 언제, 무엇을 할 때 행복한지, 행복하기 위해서 지금 무얼 해야 하는지 알고 노력해야 한다. 그리고 그 과정에서 흔들리지 않으려면 나를 돌봄으로써 단단해져야 한다. 우리는 상호관계를 맺으며 살아간다. 병원종사자도 노력해야 하고, 행복한 삶을 살 수 있도록 하는 일터의 역할도 중요하다.

이 책은 행복한 삶을 꿈꾸는 병원종사자의 입장과 행복한 일터를 만들기 위해 노력하는 중간관리자이자, 병원컨설턴트 수련생의 관점에서 썼다. 내가 경험하고 배우며 깨달은 것을 바탕으로 쓴 이 글이 병원종사자와 병원에 작게나마 희망이 되었으면 하는 바람이다.

| 1장 |

DREAM_
이번 생은 병원종사자로 살겠습니다

삶과 일은 하나다!
병원에서 일하는 나,
내가 바라는 삶은 어떤 삶인가?

# 1
## 내 인생 5년 후

고등학생 시절 진로를 고민할 때, 내가 바라던 직업은 간호사, 물리치료사, 치과위생사로 보건계열을 크게 벗어나지 않았다. 그중에서도 나랑 가까이 지내던 언니가 치위생과를 졸업하고 치과위생사로 일하고 있었는데, 입시를 준비하던 나에게 치과위생사는 너무나도 멋진 직업으로 다가왔다. 간호사는 아니지만 간호사와 비슷한 일을 하는 사람이라고 생각했고, 또 그 당시 교정치료를 하고 있던 나를 관리해주셨던 분이 치과위생사라는 것을 알게 되면서 더 친근하게 느껴졌다.

내가 입시를 준비했던 고3 때 대한민국에 입학사정관제도가 처음 도입됐다. 입학사정관제도는 대학 입학과 관련해 수능, 내신과 같은 객관적인 점수는 최소한으로 반영되고 학생의 가능성과 면접 등을 통한 주관적인 판단에 의해 합격 여부가 결정되는 것이었다.

전국에 있는 치위생학과를 알아보고 네 군데 정도로 학교를 추렸다. 한 곳은 우리 집과 가장 가까운 거리에 있는 학교였는데 치위생과를 들어가기에 안정권이었다. 그러나 서울에서 살아보고 싶다는 어린 마음에 서울권에 있는 치위생학과를 알아보았고, 수시로 넣기에는 성적이 아슬아슬했던지라 성적보다는 그 외의 것도 반영하는 입학사정관제를 노려보기로 했다. 다른 대학교에서도 입학사정관제를 도입하여 학생들을 뽑기 위해 여러 시도를 하던 때였다.

그러던 중 치위생학과가 있던 한 대학에서 자신의 꿈을 발표하는 '드림 콘테스트'를 개최했다. 성당을 다니면서 정기적으로 봉사 활동을 하는 등 나름대로 대외적인 활동도 했지만 입학사정관제로 원서를 넣기에는 내가 보여줄 가능성이 없어 보였기 때문에 나는 지원서에 한 줄이라도 더 쓰기 위해서 '드림 콘테스트'에 참가했다. 1차는 '나의 꿈'이라는 주제로 자유롭게 서술하는 형식이었다. 나는 '남자 치과위생사를 양성하는 교수가 되겠다.'라는 내용의 글을 쓰고 본선에 올랐다. 본선은 연설과 UCC동영상을 만드는 형태로 나의 꿈과 열정을 표현하는 것이었는데 고등학교 친구들을 동원하여 뮤직비디오를 패러디하고 최종적으로 2등을 했다. 나는 그렇게 수시 접수 1차에 자동으로 통과할 수 있었다. 하지만 면접에서 불합격했고, 결국 드림콘테스트에 출전해 수상한 기록으로 집과 가까운 거리에 있는 학교에 장학생으로 선발되어 가게 되었다.

그렇게 입학한 대학 생활은 내가 생각했던 것만큼 재미있지 않았다. 입학사정관을 준비하던 당시 '남자 치과위생사를 양성하는 교수가 되겠다.'라고 외쳤던 꿈을 이루려면 공부를 열심히 해야 했지만 이론 공부들은 너무나도 지루했고, 좀처럼 흥미가 생기지 않았다.

그러던 중 2학년 새 학기가 시작되고 슈퍼우먼 같은 시간강사 교수님을 만나게 됐다. 그 교수님은 치과위생사로 한 병원의 실장이면서, 임플란트 회사에서 치과건강보험을 가르치는 강사이자 대학의 시간강사, 아침에는 에어로빅 강사, 그리고 두 아이의 엄마였다. 교수님은 현장에서 경험했던 것을 바탕으로 가르쳐주셨는데 너무나도 재미있어서 빨리 현장에서 일하고 싶다는 생각이 들게 했다.

이 수업은 그동안 '하나의 직업만 가져야 한다.'라는 나의 편견을 깨는 계기가 되기도 했다. 나도 교수님처럼 여러 가지를 다 하는 멋진 슈퍼우먼이 되고 싶었다. 그때부터 현장에서 얻은 지식과 노하우를 강의하는 '강사'가 되어야겠다는 꿈이 자라나기 시작했다.

3학년이 되면 실습을 하게 되는데 나는 서울에서 근무하고 싶은 마음에 서울에 있는 개인병원으로 현장실습 신청을 했다. 그 병원은 복지도 좋고, 선생님들과의 사이도 너무 좋았다. 자부심을 가지고 일하는 선배님들을 보면서 나도 빨리 현장에서 일하고 싶은 마음뿐이었다. 마침 실장님이 임상 세미나에 같이 가보지 않겠냐고 제안했고, 더 생각할 겨를도 없이 바로 오케이했다. 말로만 듣던 그 임상 세미나를 직접 눈으로 볼 수 있다니 가슴이 두근거렸다. 세미나의 주최자는 어떤 원장님이셨는데, 다른 원장님과 스태프들에게 현장 노하우를 알려주는 모습을 보며 멋지다는 생각이 들었다. 평일이었는데도 세미나를 들으러 오는 원장님과 스텝들, 강의하시는 원장님에게서 느껴지는 열정은 대단했다.

꿈의 직장에서 실습을 마치고 더 큰 꿈을 위해 열심히 공부해서 당당히 국

가고시에 합격했다. 여기서 멈추지 않고, 학사 취득을 위해 학업을 병행하며 치과에서 일을 시작했다. 학교 근처에 있는 작은 치과에서 처음 일을 시작했는데 나의 주된 일은 원장님을 따라다니며 석션을 하는 것이었다. 서울에서 실습하면서 느꼈던 모습과는 아주 달랐다. 이곳의 선배들은 치과위생사에 대해 자부심을 느끼고 있는 것 같지 않았다. 그중 50대 치과위생사 선생님께는 배울 부분들이 있었는데 그런 선생님도 30대 초반의 실장님과 기 싸움을 하며 아등바등 버티고 있는 모습이 안타깝게 느껴지기도 했다. 여기서 시간 낭비를 하는 것보다 빨리 서울에 가서 큰 병원을 경험해보고 싶었고, 역량을 쌓아서 강사가 되어야겠다는 생각이 강렬해졌다. 그래서 학위 취득을 하자마자 바로 서울행 버스에 올라탔다.

나는 종종 친구나 후배들에게 무엇을 하고 싶으냐고 물어본다. 내 친구나 후배들은 "그냥 병원에서 일하다가 결혼하고 살림이나 하겠지."라고 대답한다. 살림하는 것이 꿈이라면 그것도 좋다. 하지만 살림을 하는 게 꿈이 아닌데 상황에 몰려 그만두는 경우 '내 존재'에 대해 고민하게 되고 우울증이 올 수도 있다. 내 삶은 결혼하고 끝이 아니다. 육아하면서도 내가 하고 싶은 일을 충분히 할 수 있다. 어떻게 살아가고 싶은지, 어떤 가정을 이루고 싶은지, 5년 뒤 내 모습이 어떤 모습이기를 바라는지를 그려본다면 그 꿈이 좀 더 명확해질 것이다.

나는 대학교 때 보았던 교수님처럼 치과위생사, 강사, 교수, 엄마, 아내로 때에 맞게 모습을 바꿀 수 있는 슈퍼우먼이 되고 싶다. 그리고 내 아이의 유치원은 꼭 내 손으로 등원시키고 싶다. 그러기 위해 강사와 컨설턴트로서

결실을 만들어 시간과 돈의 자유를 누릴 것이다. 그리고 계속해서 새로운 시도를 할 것이다. 나의 꿈은 여전히 현재진행형이다.

사실 내 꿈의 시작은 치위생과를 들어가기 위해 종이에 적었던 한 줄의 문장에 불과했다. '남자 치과위생사를 양성하는 교수가 되겠다.' 종이에 적은 이 문장은 내 마음속 깊이 자리 잡았고 잊을만하면 꿈틀거렸다. 그리고 그 꿈이 '병원종사자들을 위한 강사'라는 꿈을 이루게 해줬다. 지금 생각해보면 '그 당시에 내가 종이에 그 문장을 적지 않았더라면 강사를 할 수 있었을까?'라는 마음이 들 때가 있어 입학사정관을 준비했던 그때가 참 소중하게 느껴진다.

많은 자기계발서에서 '종이에 쓰면 이루어진다.'라고 말한다. 나는 그 말을 실감해 지금도 하고 싶은 것이 있으면 종이에 적거나 SNS에 올리고 있다. 그 후 1년, 2년 시간이 지나 그때 적었던 종이를 다시 보면 하고 싶었던 방향으로 가고 있는 경우가 많았다.

당신의 꿈은 무엇인가? 무엇이든 좋다. 지금 바로 종이에 적어보자.

 **TIP BOX _ 1**

5년 뒤 당신은 어떤 모습인가요?

# 2
## 진료팀장 해보시겠어요?

서울로 올라가야겠다고 마음먹은 뒤 인터넷 구인·구직 사이트, 치과위생사 커뮤니티 등 여러 방면으로 자리를 알아봤다. 강사가 되겠다는 꿈을 안고 서울에 올라가는 거였기 때문에 이왕이면 제대로 배울 수 있는 병원을 가고 싶었다. 그러던 중 내가 관심 있게 본 한 커뮤니티의 카페장님이 관리하는 병원에서 치과위생사를 구인한다는 글이 올라왔다. 이곳은 이전부터 열정 있는 치과위생사들을 모아 여러 가지 활동을 하고 강사로 발돋움할 기회를 제공해왔던 곳이었다. 그들이 강사로 활동하는 모습을 보고 나도 선배들처럼 멋지게 활동하는 모습을 꿈꿔왔는데 이런 기회가 내게 찾아오다니! 절대로 놓칠 수 없었다. 망설임 없이 지원했고, 그 주 토요일에 면접을 보러 오라는 말에 일이 끝나자마자 KTX를 타고 올라갔다. 간절했던 내 마음이 통한 것일까? 당당하게 합격하고 한 달 뒤에 출근하라는 말에 날듯이 기뻤다. 나는 그렇게 이전 병원에서 한 달을 더 근무하면 받을 수 있었던 퇴직금도 마다하고 바로 서울행 기차에 올랐다.

내가 입사한 곳은 원장님 두 분이 신도시에 오픈한 체어 5대가 있는 개원 병원으로 비전공자인 실장님, 팀장님, 나와 동기 이렇게 넷이 개원 멤버로 구성됐는데, 그중 커뮤니티를 통해 입사한 사람은 나와 내 동기뿐이었다. 나와 동기는 치과 일에 전념하며 팀장님에게 진료를 배웠다. 그러나 개원한 지 한 달도 되지 않아 실장님은 권고사직 되고, 팀장님이 실장 자리에 올랐다.

그리고는 무슨 이유 때문인지 모르겠지만 카페장님이 치과에서 손을 떼게 됐다. 동기와 나는 그런 줄도 모르고 원장님께 이것저것 여쭤보고, 세미나도 들으러 다니며 진료실에서 할 수 있는 것들을 넓혀갔다. 그러다 카페장님이 치과에 손을 떼게 됐다는 사실을 알게 됐을 때, 카페장님께 배울 생각으로 입사한 것이 의미가 없는 것처럼 느껴졌다. 나는 어떻게 할지 한동안 갈팡질팡했지만, 덕분에 좋은 원장님과 함께 일하며 많은 것들을 경험할 수 있었고, 앞으로도 할 수 있는 것들이 많아질 것 같아서 주어진 현실에 충실하자고 마음먹었다.

팀장이었던 실장도 머지않아 그만뒀다. 그 후 실장이 새로 왔고, 우리의 후배로 경험이 없는 간호조무사가 들어왔다. 나와 동기는 아무것도 모르는 후배를 알려주기 위해 나름대로 매뉴얼도 만들고, 교육도 진행했다. 이제 후배도 생기고, 든든한 실장님도 있으니 병원이 안정화될 것이라 생각했는데, 빠릿빠릿한 성격이던 실장은 꼼꼼하지만 손이 느린 동기를 답답해했다. 나는 그 중간에서 어찌할 바를 모르고 동기를 위로해준다고 했지만 그다지 도움이 되지 못했다. 동기는 결국 스트레스를 이기지 못하고 퇴사를 했다. 그리고 머지않아 실장님도 개인 사정으로 퇴사를 했다.

그 후, 원장님이 나를 방으로 부르시더니 개원병원 멤버로 여태 잘 해왔으니 팀장이 되어 앞으로도 지금처럼 치과를 잘 이끌어 달라고 했다. 선배도, 동기도 없는 나는 앞으로 어떻게 해야 할지 막막해하면서도 한편으로는 기회가 생긴 것 같아 내심 설레기도 했다. 평소 열심히 했던 모습을 원장님이 예쁘게 봐주신 것으로 생각하고, 부족하지만 최선을 다하겠다고 말씀드렸다. 그렇게 팀장이 되었다. 실장님이 갑자기 퇴사하고 새로운 실장을 구인하고 있었지만, 이력서가 통 들어오지 않아 나는 데스크와 진료실을 왔다 갔다 하며 진료, 청구, 수납, 상담 등 모든 업무를 해야 했다. 인계받은 것도 없고 잘하는 것도 없이 되는대로, 아는 만큼 최선을 다했지만, 잘 알지 못하니 실수도 정말 많이 했다. 그래서 부족한 부분을 채우기 위해 주말에는 세미나와 스터디를 찾아다니기 바빴다. 배운 것을 치과에 적용하면서 뭐 하나 써먹었다는 것에 뿌듯함을 느꼈다. 원장님께서도 열심히 하는 모습을 칭찬해주시며 용돈을 주시기도 했다.

그땐 시스템이라는 것도 몰랐고, 나 혼자만 잘하면 되는 줄 알았다. 오로지 내가 설명하기 편하게 상담자료를 만들었고, 원장님과 제대로 소통할 줄도 몰라서 혼자서 속앓이를 하기도 했다. 그럼에도 어린 연차에 팀장을 할 기회를 놓치고 싶지 않았기에 실수를 양분 삼아 역량을 키워나갔다.

기회의 신 카이로스의 얘기를 알고 있는가? 앞머리는 덥수룩하고 무성하며 뒷머리는 대머리인 카이로스는 발에는 날개가 달려있고 손에는 저울과 칼을 들고 있다. 앞머리가 덥수룩하다 보니 카이로스(기회)가 와도 알아차리지 못하고, 지나가고 나서야 붙잡으려고 손을 뻗지만 대머리인 데다 발에 날개가 달려서 아주 빠르게 달아나버려 붙잡지 못한다.

그러므로 기회가 왔을 때 손에든 저울로 빠르게 가늠하고 단칼에 결단을 내려야 한다. 준비된 자가 기회를 알아보고 잡을 수 있다. 그 준비는 내가 잡고자 하는 것을 조금이라도 생각하고, 또 그것을 위해 무언가라도 해보는 사람만이 알아볼 수 있다. 하지만 기회라고 생각될지라도 낚아챌 준비가 되어있지 않다면 그것을 놓쳐버리게 된다.

기회는 치트키 같아서 붙잡으면 내가 가고자 하는 방향에 더 빨리 데려다 준다. 나는 그 당시 세미나를 들으면서 역량을 쌓으며 실장과 강사에 대한 꿈을 키워나가고 있었기 때문에 내게 찾아온 기회를 놓치지 않을 수 있었다. 그리고 그 덕분에 생각보다 빨리 강사의 꿈을 이룰 수 있었다. 앞으로도 내게 어떤 기회가 오게 될지는 알 수 없다. 다만 중요한 것은 내가 이루고자 하는 목표를 늘 생각하고 그 목표에 다가가기 위해 꾸준히 노력해야 한다는 것이다. 내 꿈을 잊지 않고 노력한다면 기회라는 녀석은 반드시 찾아올 것이다.

 **TIP BOX _ 2**

나에게 기회가 찾아왔을 때 그 기회를 붙잡기 위해 나는 어떤 준비를 하고 있어야 할까요?

# 3
## 내가 진짜 하고 싶은 건 뭘까?

나는 미래에 대한 생각이 많은 편이다. 대학교 때는 국가고시에 합격하면 치과위생사라는 직업이 보장되어 있었지만, 그러면서도 '치과위생사가 된 나중에는 뭐 해 먹고 살지?'를 늘 고민했다. 또 생각만 하다가 행동에 옮기지 못하거나, 생각만 하고 있다가 운 좋게 찾아온 기회에 맞춰 '이렇게 하다 보면 되겠지'라는 식의 행동들을 자주 했다. 강사를 꿈꿨을 때도 마찬가지였다. 그저 강사가 되고 싶다고만 생각했지 어떤 강사가 될지, 무얼 잘하는 강사가 될지, 그럼 지금부터 뭘 해야 할지 깊게 생각해보지 않았다. '꿈을 가지고 열심히 하다 보면 언젠가는 이뤄지겠지.'라는 문장이 그 당시의 나를 표현하기에 딱이었던 것 같다.

다온에서 하는 〈잘나가는 병원에는 잘나가는 인재가 있다〉 강의 중 대표님이 병원컨설턴트로서 병원에 상주하지 않으면서 여러 병원을 심도 있게 관리하고 경영하며 그곳에 맞는 솔루션을 주는 일을 통해 그 가치에 맞는 억대 연봉을 버는 자신의 이야기를 해주셨다.

병원과 관련됐으면서도 독립적으로 일하면서 억대 연봉을 번다니! 병원 일을 하면서도 자유롭게 시간을 쓰며 돈을 벌고 싶다는 생각을 해오던 내가 그토록 찾아 헤매던 일이었다. 물론 자신의 가치를 높이고 인정받기 위해 얼마만큼의 노력과 대가가 있었을지는 가늠하기 어려웠지만, 나는 이 강의를 듣고 제대로 된 병원의 시스템이 무엇인지 이해하여 대표님처럼 유능한 병원컨설턴트가 되고 싶다는 생각이 강렬해졌다.

그러던 중 대표님과 이사님들(이하 코치)이 컨설팅하는 A병원에서 팀장을 구인한다는 소식을 듣게 됐다. 강원도에 있는 병원으로 서울과는 거리가 좀 있었지만, 병원컨설팅에 대해 더 많이 배울 기회라고 생각해 망설임 없이 지원했다.

그렇게 팀장으로 일하게 된 A병원은 내가 입사한 지 두 달 정도 지나 기존 실장의 출산휴가와 새로운 실장의 퇴사로 그 자리가 공석이 됐다. 하지만 그 이후로 통 이력서가 들어오지 않아 나는 진료실과 데스크, 상담실을 오가며 일해야 했다. 병원컨설턴트를 꿈꾸며 병원컨설팅에 대해 알고 싶어 입사한 A병원에서 일한 지 1년을 앞둔 어느 날, 코치님은 병원이 가고자 하는 바를 제시해주시면서 내게 앞으로 무얼 해보고 싶으냐고 물으셨다. 나는 고민할 것도 없이, 병원의 매출을 올려서 2층짜리 치과로 확장하고 싶다고 얘기했다. 코치님은 내게 병원컨설턴트가 되고 싶은 게 맞냐고, 병원컨설턴트에 대해서 잘못 알고 있는 것 같다고 말씀하셨다. 사실 면담을 하기 전에도 코치님은 내 보고서를 보며 컨설턴트의 시각으로 바라본 게 맞냐고 종종 물으시기도 했다.

나는 질문을 이해할 수 없었다. 그때까지만 해도 내가 생각해왔던 컨설턴트는 매출을 최우선시하는 사람이었기 때문이다. 하지만 다온의 컨설턴트 과정을 듣고 나서는 말씀해주시는 것들이 조금씩 들리기 시작했다. 그 후 다온이 컨설팅하는 병원에서 직원으로 일하며 가장 크게 느낀 것은 회사의 슬로건처럼 직원의 행복을 중요하게 생각한다는 것이었다. 나는 오로지 매출을 올리기 위한 시스템이 아니라, 무엇보다 직원들이 행복하고 즐겁게 일할 수 있는 효율적인 시스템을 구축했을 때 매출은 자연스레 올라간다는 것을 알게 됐다.

병원컨설팅을 배워보겠다며 팀장으로 지원해서 간 A병원에서 한 행동이 병원컨설턴트로서의 모습이 아닌 한 직원의 입장에서 바라본 것이었기 때문이었을까, 코치님은 내가 정말 하고 싶은 것이 무엇인지 곰곰이 생각해보라고 하시고 긴 시간 동안 나를 기다려주셨다.

나는 한동안 나에게만 몰입하며 나를 바라볼 수 있는 책, 철학과 비전을 세우는 책, 자기계발서 등을 읽었다. 그 후 나에 대한 생각이 어렴풋이 그려지기 시작했을 때, 내가 좋아하는 것과 잘하는 것은 무엇인지, 나는 언제 행복한지, 또 나를 힘들게 하는 것은 무엇인지, 내가 극복해야 하는 것, 내가 가진 강점과 장점, 나의 가치는 무엇인지 등에 대해 6시간에 걸쳐 동생과 대화를 주고받으며 종이 세 장에 내 이야기를 빽빽하게 써 내렸다.

글로 쓰다 보니 머릿속이 정리됐다. 그리고 마침내 내가 병원컨설턴트가 되어야만 하는 이유를 알았다. 나는 성장할 때 행복감을 느낀다. 그리고 병원종사자로서 컨설턴트의 시각으로 사고하고 결과를 도출해내는 과정 중에 나의 고정관념을 깨뜨려야할 때가 많은데, 그러면서 스스로 성장하고 있음을 깨닫고 행복감을 느낀다는 것을 알았다. 또한 내 강점은 깊게 사고하고, 생각을 긍정적인 방향으로 이끈다는 것이다. 따라서 이 강점을 활용해 병원종사자, 병원 전문 강사, 병원컨설턴트로서 '병원종사자가 추구하는 행복한 삶을 살아가도록 그들의 생각을 긍정으로 이끌고, 병원이 추구하는 비전에 가까워지도록 긍정의 방향으로 이끄는 사람'으로 살아가고 싶다는 결론에 다다랐다. 생각이 정리되자 머리가 맑아졌다. 정리한 내용을 코치님께 말씀드렸고 그렇게 나는 또 한 번 도약할 수 있었다.

당신이 하고 싶은 것은 무엇인가? 그것을 하기 위해 내가 가진 강점을 어떻게 활용할 수 있을까? 또, 어떤 부분을 채워 나가야 할까? 미켈란젤로는 대리석을 깎아 다비드상을 만든 것이 아니라 대리석에서 '다비드'가 아닌 것을 제거하는 방법으로 조각상을 완성했다고 한다. 같은 말처럼 들리는가? 미켈란젤로는 '깎다 보면 사람 형태가 되겠지. 난 그걸 다비드라고 불러야지.'가 아니라 '다비드는 이런 형태이니 다비드를 만들기 위해 이렇게 깎아야겠다.'를 생각하고 필요 없는 부분을 제거한 것이다. 미켈란젤로가 다비드상을 머릿속에 아주 선명하게 그리고 조각한 것처럼, 나의 미래도 선명하게 그려 놓고 '나만의 다비드'를 완성해 나가자. 이제 꿈을 펼칠 시간이다.

> **TIP BOX _ 3**
>
> - 내가 좋아하는 것, 잘하는 것은 무엇인가요?
> - 나는 무엇을 할 때 행복한가요?
> - 내가 5년 뒤 그 모습이 되어야만 하는 이유는 무엇인가요?

# 4
## 실수해도 괜찮아

나는 어릴 적부터 무언가를 하면 결과물이 나올 때까지 혼자서 꾸역꾸역 하는 편이었다. 실수하더라도 혼자서 해결할 수 있는 정도였고 어찌어찌하다 보면 결과물이 나왔기 때문에 실수하는 것에 대해서 그저 과정이라고 관대하게 생각하며 살아왔다. 하지만 병원에서 일어난 실수는 혼자서 해결할 수 없는 부분들이 많고, 아픈 사람을 치료하는 곳인 만큼 말과 행동에 신중해야 했다.

저연차 때의 일이었다. 앞니가 반쯤 빠진 환자가 내원했다. 통증이 있는 상태였고 신경치료를 해야 하는 상황이었다. 나는 환자에게 늘 그랬던 것처럼 신경치료에 관해서 설명했다.

"신경치료는 치아머리 부분에 구멍을 뚫고, 그 안에 있는 신경을 죽여서…."

내 설명을 듣던 환자가 신경치료를 못 받겠다며 벌떡 일어나서 대기실로 나갔다. 평소에 하던 대로 했을 뿐인데 이런 경험은 처음이라 뭐가 잘못됐는지 알지 못했다. 대기실에서 벌벌 떨고 있는 환자에게 따뜻한 물을 드리며 마음이 진정될 때까지 기다렸다. 좀 나아진 기색이 보이자 원장님은 다시 한번 환자의 마음을 달래며 신경치료에 관해 설명해주셨고, 치료를 시작했다.

알고 보니 환자는 '신경을 죽인다.'는 말에 너무 겁이 나서 대기실로 나간 것이라고 했다. '앞니가 반쯤 빠져서 놀랐을 텐데 나의 설명이 얼마나 무섭게 느껴졌을까.' 하는 생각이 들었다. 나는 이 사건이 일어난 뒤 내가 습관적으로 하는 말에 대해서 다시 생각해보게 됐다. 환자에게 겁을 주는 표현을 쓰고 있는 건 아닌지, 우리에겐 일상이지만 환자에게는 특별한 일인데 그동안 너무 무심하게 말한 건 아닌지 돌아봤다. 그리고 같은 말이라도 환자의 성향과 상황에 따라 다르게 얘기해야 한다는 것을 깨달았다.

실전은 연습과 달라서 많은 연습 후에도 실전에 투입되면 당황스러운 일을 마주하기도 한다. 내가 아는 지인의 후배가 평소처럼 치아에 붙어있는 임시 치아를 제거했는데, 그 치아가 약했는지 치아 일부가 부러져서 임시 치아에 붙어 나왔다고 한다. 당황한 후배는 환자에게 말도 못 하고, 혼날까 봐 이러지도 저러지도 못하고 있었다고 한다. 눈치를 챈 지인이 가서 상황을 파악하고 원장님께 말씀드린 뒤 환자에게도 치아가 약한 것임을 설명하고 보강하는 치료를 진행했다고 한다.

병원에서 일하다 보면 크고 작은 실수를 하게 된다. 환자 옷에 약품이 묻어서 수선비를 물어주거나, 석션이나 마사지를 너무 열심히 해서 본의 아니게 환자의 입에 피가 나거나 멍이 들게 하고, 주의사항을 설명하지 않아서 환자가 컴플레인을 하는 등 별것 아니라고 생각하고 행동했던 것이 발화점이 되어 크게 확대되기도 한다. 상황이 일어나고 혼자서 해결할 수 없는 일이라면 빨리 파악하고 선배에게 얘기해야 한다. 선배는 나보다 많은 경험과 연륜으로 생각보다 간단하게 상황을 해결하는 경우가 많다. 실수했다고 혼날까 봐 말하지 않고 혼자 끙끙대고 있으면 시간은 지체되고 일은 더 커지기 마련이다.

A병원에서 일할 때, 환자에게 미리 설명하지 않고 진료를 하는 실수를 했다. 환자는 크게 화를 내며 나중에 결제하겠다고 하셨다. 다행히 잘 얘기해서 진료도 받고 결제도 하셨다. 결과적으로 잘 마무리되었으니 문제 될 건 없어 보였다.

그렇게 코치님들께 큰 문제 없다고 보고를 했고 그날 일은 잘 넘어가는 듯했다. 그런데 어느 날 코치님이 '왜 팀장님이 실수하는 것은 얘기하지 않아요?'라고 물어보셨다. 일부러 얘기하지 않은 것은 아니었고 잘 해결되었으니 큰 문제가 없다고 생각했다. 이런 내 생각이 잘못된 것이었을까?

나는 그동안 '왜 이런 일이 생겼을까? 앞으로 이런 일이 생기지 않으려면 어떻게 해야 할까?'를 깊이 생각하지 않고 그저 내 앞에 닥친 문제의 해결에만 초점을 맞춰왔다. 그러다 보니 실수는 있을 수 있는 거고 해결만 하면 되는 거니까 굳이 깊게 들여다보지 않아도 됐었다. 그렇게 나는 내 실수에 관대했다.

그런데 그 질문을 받은 뒤부터는 실수에 대해 예민해졌다. 항상 무슨 일이 발생해도 결과만 보고 잘 해결했다고 생각해왔는데, 실수를 되짚어보면 꼭 말 한마디를 안 해서 일이 발생했다. 그 한마디만 했어도 아무 일도 일어나지 않았을 텐데 문제를 만드는 내 모습이 못나 보였고, 그 모습을 인정하고 싶지 않았다. 내 부족한 부분을 빨리 받아들이고 개선을 했으면 좋았겠지만 나는 내 실수를 인정하지 못하고 자책만 하느라 제대로 문제를 해결하지도 못한 채 같은 실수를 반복하며 자존감이 낮아져 갔다.

많은 자기계발서에 '실패는 성공의 어머니'라는 말이 있는 것처럼 성공하려면 실패도 할 수 있어야 한다고 말한다. 맞다. 실패해야 성공할 수 있는 발판이 된다. 하지만 그러려면 실패나 실수 후에 인정하는 것이 선행되어야 한다. 무엇이 잘못되었는지 완전히 인식하지 못하면 다음번에도 실수를 피하기 어려워진다. 어떤 이들은 실패를 받아들이는 데 큰 어려움을 느끼곤 하는데, 이는 일어난 일을 파악하고 관찰하여 다음에 좋은 결과를 불러오도록 하는 것에 도움이 되지 않는다.

나는 실수를 하는 내 모습이 부끄러워 해결하는 데만 집중했었다. 하지만 실수라는 것을 알아차리지도 못했다면 부끄러워하지도 않았을 테니 알아차린 것만으로도 다행이었다. 진짜 부끄러워야 할 것은 실수인 걸 알면서도 노력하지 않는 것, 그로 인해 계속 못난 과거를 살아가는 것이다. 실수인 걸 알고 개선하기 위해 노력하는 오늘을 살아간다면 그때의 그 실수는 빛이 되어 지금을 더 밝게 비춰줄 것이다.

> **💡 TIP BOX _ 4**
>
> 최근에 한 실수가 있나요?
> 다음에 비슷한 실수를 하지 않기 위해 무엇을 해야할까요?

# 5
# 책은 나의 스승이다

    2017년 여름, 친척 중에서 내가 가장 존경하고 따르는 막내 이모에게 ≪독서천재가 된 홍팀장≫이란 책을 선물 받았다. 이모의 지인이 쓴 책인데 멋진 분이시니 꼭 읽어봤으면 좋겠다고 하셨다. 오빠 방 한쪽 벽이 책으로 꽉 차 있을 만큼 집에 책이 많았지만, 그다지 관심을 두지 않던 나였다. 그 저자는 이미 대단한 사람이니까 책을 쓴 거고, 책의 주인공 또한 태생부터가 다른 사람이니 읽어봤자 달라지는 것도 없을 거라 생각했다.

    그런데 막내 이모가 아는 사람이 쓴 책이라고 하니 '일반인이 책을 썼다고?'라는 호기심에 읽게 됐다. 이 책은 지루하지 않은 독서법에 대해 다루고 있었는데 책을 통해 성공한 일반인들의 사례도 들어있었다. 사례들을 읽으니 이 방법대로만 하면 나도 성공할 수 있을 것 같았.

    책에서는 '본깨적 독서법'을 얘기했다. 저자의 관점으로 '본 것', 책을 읽고 내가 '깨달은 것' 그리고 실생활에서 '적용할 부분', 즉 개선하면 좋은 점들이나 새로운 아이디어, 질문 등을 생각하며 읽는 독서법이었다. 지금까지 그저 책은 곱게 펴서 읽는 것이라고만 생각했던 내겐 신선한 충격이었다. 매번 책을 읽고 느낀 것 한가지씩만 실생활에 적용해도 엄청난 성장이 이루어질 것만 같았다. 100권을 읽으면 100번 성장할 것이 아닌가? 100번 성장하고 싶은 마음에 빨리 많은 책을 읽고 싶었다.

그렇게 '하나씩 느낀 점을 실천하겠다!'라고 마음먹고 읽은 첫 책은 ≪나는 왜 이 일을 하는가≫였다. 무슨 말인지 이해하지도 못했고, 완전 다른 의미로 해석했지만 '왜로부터 생각하기'를 실천하기로 마음먹으며 환자에게 주의사항을 얘기할 때 '왜 해야 하는지' 설명하는 것부터 시작했다. 그리고 이런 식으로 책을 읽을 때마다 일과 삶에 하나씩 적용하기 시작했다.

이후에도 병원에 관련된 책을 읽으며 내 생각과 관점을 넓혀 나갔는데, ≪경영하고 사랑하며 행복하라≫를 읽으며 환자가 신뢰하면서 즐거운 병원 분위기를 만들기 위해 구성원 모두가 함께 상의하여 우리 병원의 10가지 약속을 정했고, ≪1% 병원의 영업 비밀≫을 읽고 사람들을 더 주의 깊게 관찰하고 기록했다. ≪병원 매출 10배 올리는 절대 법칙≫을 읽고는 대기실에 비치할 게시물을 만들었다.

병원에서 일하다 보니 경력이 쌓일수록 환자와 상담을 하고, 직원들과 소통을 하는 일이 많아졌다. 또 즐겁게 일하는 병원을 만들기 위해 직원관리, 커뮤니케이션, 조직문화 등 진료 외적인 부분도 신경 써야 했는데 그러려면 내가 먼저 바뀌어야 했기에, 읽는 책의 분야를 병원에 관련된 것에서 더 나아가 의사소통, 리더십, 조직문화 등으로 넓혔다.

나는 말을 조리 있게 하는 편이 아니라서 누군가에게 무언가 제안하고 조율하는 것이 어려웠다. 그런 내가 그저 책을 읽고 느낀 점을 SNS에 올리고 또 주변에 추천하면서 주위의 시선이 달라졌다. 내가 가진 긍정의 씨앗이 퍼져나가기 시작했다.

한 번은 병원에서 일하는 친구가 일 때문에 힘들어하는 모습에 책을 한 권 선물해줬다. 평소 책을 한 권도 읽지 않았던 친구였는데 내가 선물해준 책을 계기로 독서광이 되었다. 이후에는 나와 같이 병원종사자 독서 모임을 운영했고, 지금은 나처럼 작가의 꿈을 키우고 있다. 친구는 지금도 내게 이렇게 말한다.

"그때 네가 그 책을 선물해주지 않았더라면 나는 지금 더 큰 꿈을 꾸지 못했을 거야."

나는 단지 책을 선물했을 뿐 본인의 선택으로 읽고 깨달음을 얻은 것인데 오히려 내게 책에 재미를 갖게 해줘서 고맙다는 말을 들으니 괜스레 뿌듯한 마음과 함께 더 많이 알려야겠다는 생각이 들었다.

그래서 내가 일하는 병원에도 긍정적인 영향이 퍼지길 바라는 마음으로 독서 모임을 만들었다. 처음에는 나와 팀장님 단둘이 독서 모임을 시작했다. 그렇게 한 달, 두 달이 지나며 매월 한 명씩 늘어나더니 6개월째가 됐을 때는 모두가 같이 독서 모임을 했다. 병원 내에서 독서 모임을 하는 것은 개인적인 발전 외에도 좋은 점이 많았는데, 서로 책이라는 공통 주제뿐만 아니라 업무 외적인 얘기도 나누며 더 끈끈해질 수 있었다. 또

책 속에서 업무에 적용할 것을 찾으며 읽다 보니 자연스레 병원에서 실행할 것에 관한 얘기가 오갔다. 모두가 함께 나눴으면 하는 구절은 아침 미팅시간에 공유하고, 실행했으면 하는 것은 회의시간에 안건으로 올려 구체화 될 수 있도록 했다. 이 병원의 독서 모임은 병원문화로 자리 잡아 내가 퇴사한 지금까지도 이어지고 있으며 원장님도 함께하고 계신다. 나는 읽었던 책의 한 구절인 '삶과 배움과 일과 독서는 하나다.'라는 말에 너무나도 공감한다. 우리가 병원에서 보내는 대부분의 시간을 그저 흘려보내는 것이 아니라 책을 읽으면서 삶을 대하는 자세를 배우고, 업무의 효율을 높인다면 더 즐겁게 일할 수 있을 것이다.

나는 여전히 책을 통해 성장하고 있고, 현재 다온에서 '해봄독서모임'의 리더로 활동하며 긍정적인 독서문화를 전파하고 있다. 이를 통해 많은 사람이 주체적이고 행복한 삶을 살아갔으면 한다. 책은 나의 스승이다.

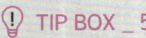

**TIP BOX _ 5**

고민이 있거나, 해결책을 찾고 싶은가요?
관련 책을 읽고 딱 한 가지만 삶에 적용해보세요!

# 6
## SNS에 내가 검색되게 하라!

책을 읽기 시작하면서 SNS도 함께 시작했다. 책을 읽고 와 닿았던 구절과 내 생각을 짧게 적어서 올리니 나와 관심 분야가 비슷한 사람들이 보고 '좋아요'를 눌러주고 댓글도 달아주었다. 그렇게 책 리뷰를 하다 보니 출판사로부터 책을 제공받는 대신 서평을 써달라는 제안을 받기도 했다. 한 줄씩 적은 것이 결과물로 나타나니 기록하는 것에 재미가 붙었다.

이후 도서 리뷰에서 나아가 세미나 후기나 공부한 내용을 토대로 병원에 적용하면 좋을 내용을 공유했다. 공부하면서 변화되어가는 과정과 실제로 얻은 결과물들을 내 인생 기록이라고 생각하며 일기처럼 써 내려갔는데 반응이 좋았다. 먼 나라가 아닌 가깝고 친숙한 사람의 이야기라 더 공감 간다는 것이 이유였다. 점점 조회수가 늘어나면서 '공감'과 '좋아요'수도 올라갔다.

그러던 어느 날, 모르는 사람에게 쪽지가 왔다. 내가 올리는 게시물들을 보고 신뢰가 가서 그 병원에 가려고 하는데 예약이 가능하냐는 것이었다. 그저 나의 일상을 올렸을 뿐인데 내가 일하는 병원에 오겠다니! 처음 받아본 쪽지가 신기하면서도 '이런 식으로 온라인 브랜딩이라는 것이 되는 건가' 라는 생각이 들었다. 이참에 단순히 나의 일기장을 넘어 병원을 프로모션할 수 있는 글을 써서 병원과 나를 함께 브랜딩하면 좋을 것 같았다.

나는 그 당시 진료상담을 담당하고 있었는데 원장님의 수술 실력을 어떻게 표현하고 어필해야 할지 몰라 고민하고 있었다. 또, 원장님이 CT를 정밀하게 분석한 후 치료계획을 세우시기 때문에 2차 상담이 필요했는데 그 텀이 3~4일 정도 됐다. 그런데 하루라도 빨리 치료하고 싶은 환자들에게 3~4일은 너무 길었는지, 다른 병원으로 가버리는 경우가 발생하기도 했다. 따라서 2차 상담으로 이어질 수 있도록 1차 상담 시 제대로 프로모션하기 위해 왜 상담이 2차로 나뉘어서 진행되는지, 2차 상담이 이뤄지기까지 어떤 프로세스로 진행되는지 보여줄 수 있는 시각적 자료가 필요했다.

나는 특히 온라인을 통해 병원을 알고 내원하는 환자분들은 우리 병원이 정밀하게 분석한 후 2차 상담까지 진행한다는 것을 미리 알고 내원하도록 하고 싶었다. 그래서 당시 매주 화요일과 목요일 점심시간마다 15분씩 하던 세미나에서 원장님이 CT에 대해 교육하는 모습을 촬영한 뒤 블로그에 교육 내용과 함께 CT를 촬영하는 이유, 그리고 우리 병원의 상담 시스템에 대해 포스팅했다. 또, 상담하면서 전달하지 못했던 내 마음을 일기형식으로 블로그에 남기기도 했다.

30대 남자 환자가 임플란트 상담차 병원에 내원했다. 그는 비용이 조금 비싸더라도 제대로 된 곳에서 치료받고 싶어서 인터넷으로 검색하다가 내가 쓴 블로그 글을 보고 신뢰가 가서 방문했다고 했다. 그 말에 너무 감사해서 더 친절하고 자세하게 상담을 도와드렸다. 환자분은 아내가 반대해서 고민이라고 하셨다. 임플란트는 다 똑같으니 그냥 저렴한 곳에 가서 하라고 했다는 것이다. 잠시 아내분과 통화했는데 비용 때문에 의심하는 빛이 역력했다. 나는 조금 비용이 많이 들더라도 제대로 치료받고 사후관리까지 철저하게 해주는 병원에서 치료하는 것이 좋다는 것을 어떻게 하면 잘 전달할 수 있을까 고민했다. 또 이분과 비슷한 고민을 하고 있을 환자분들에게 우리 병원의 마음을 전하고 싶었다. 그래서 블로그에 이런 내용을 담아 글을 썼고 결국 환자는 우리 병원에서 수술을 진행했다. 아내분이 내 글을 봤는지는 알 수 없다. 하지만 그 글을 보고 내원하는 환자들에게 정말 제대로 치료받을 수 있게 도와드리고 싶은 내 마음이 전달되었을 것이라 생각한다.

이후에도 SNS에 병원에 관한 얘기나 나의 병원 생활 이야기를 올렸는데 내원한 환자들이 글 올린 거 봤다며 나를 닉네임으로 불러주기도 하고, 내가 데스크에서 문진을 받을 때면 SNS에서 봤다며 먼저 반갑게 인사해주기도 하셨다. 병원에 관한 얘기를 적은 글에는 '이 병원 선생님들이 너무 친절하게 해줘서 갈 때마다 기분이 좋아진다.'라는 댓글이 달리기도 했고, 다른 병원에서는 치료를 못 한다고 했는데 우리 병원은 가능한지 상담을 원한다며 연락처를 남기기도 했다. 그때 쓴 글은 지금까지도 높은 조회수를 기록하고 있으며 많은 분이 아직도 그 병원에 관한 이야기를 보고 계신다.

이제 SNS는 단순히 친교를 쌓는 매체가 아니다. 내가 가진 정보를 나누고 브랜딩하는 용도로 활용할 수 있다. 나는 지금 강사로 활동하며 이전 병원에 환자를 불러올 수 있었던 노하우를 가지고 SNS에 그때마다 하는 생각들, 알게 된 것들을 나누며 성장하는 과정을 기록하고 있다. 그 덕분에 강의 후기를 보면 종종 SNS를 보고 왔다고 하시는 분들도 만날 수 있었다.

SNS를 보면 예방 쪽으로 브랜딩을 하는 치과위생사, 자신이 좋아하는 그림으로 병원의 일상을 담고 있는 병원종사자, 병원 코디네이터로 자신의 일상을 담는 유튜버 등 자신의 색깔을 다양하게 드러내고 행복을 채워가는 사람들을 흔하게 찾아볼 수 있다.

자기표현, 자기 PR이 너무나도 자연스러워지는 시대이다. 이들처럼 SNS를 통해 병원에 속해있는 '병원종사자'가 아니라, '나' 자체로서 내가 추구하는 삶을 만들기 위해 가장 많은 시간을 보내는 곳인 병원과 관련된 내 이야기를 SNS에 기록해보는 건 어떨까? 그 기록은 나의 인생 포트폴리오가 되어줄 것이며, 나는 다른 사람들에게 어떤 도움을 줄 수 있는 사람인지 그 가치도 느낄 수 있게 해줄 것이다.

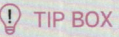 TIP BOX _ 6

내가 되고싶은 모습을 만들며 살아가고 있는 나의 삶을 기록해보세요!

# 7
## 성공하고 싶다면 성공한 사람들이 있는 곳을 가라

내가 2년 차일 때, 개원한 지 얼마 되지 않아 팀장이 데스크로 나가면서 진료실에는 동기와 나뿐이었다. 아직 2년 차 햇병아리라 선배에게 좀 더 배우고 싶었는데 그러지 못해 아쉬웠다. 그래도 서툰 실력으로 원장님 눈치를 보며 임상 스킬을 쌓기 위해 노력했다. 때로는 혼나기도 했지만 동기와 함께 손발을 맞추면서 소소한 즐거움도 느꼈다.

때때로 선배에게 교육을 받거나 주말이면 세미나를 통해 배우며 할 수 있는 일을 하나씩 늘려갔다. 그러다 그나마 의지했던 동기도, 선배도 퇴사하고 새로 들어온 실장도 갑자기 그만두는 바람에 얼떨결에 3년 차에 최고연차, 팀장이 됐다. 나는 팀장으로서 데스크와 상담업무를 맡게 되었는데 제대로 인계도 받지 못한 상태였으므로 처음 하는 업무를 혼자서 꾸역꾸역해 나갈 수밖에 없었다. 따라서 어떻게든 배워서 방법을 찾아야 했기에 매주 주말마다 세미나장을 찾았다.

데스크, 보험청구 관련 세미나를 가면 6, 7년 차 이상의 실장들이 많았고,

내가 가장 어린 연차에 속했다. 어린 연차에 팀장이 됐다고 하니 자세한 사연도 모르고 다들 내게 대단하다고 했다. 나는 아니라고 손사래를 쳤지만 내심 우쭐하기도 했다. 빨리 실장이 되고, 강사를 하고 싶었기 때문에 이미 실장으로 인정해주는 듯한 시선이 부담스러우면서도 좋았다.

내가 신청했던 세미나들은 몇 주에 걸쳐 연달아 진행됐기 때문에 매주 같은 실장님들을 만나며 그분들의 치과 이야기를 들을 수 있었다. 그리고 이를 통해 한 병원을 경영하는데 애쓰는 사람들의 마음가짐도 배울 수 있었고, 어떤 업무를 해야 하는지도 조금씩 알아가기 시작했다. 혹은 간접적으로 경험해보면서 '내가 이런 상황이라면 어떻게 했을까?'하는 이미지트레이닝을 하기도 했다. 물론 이미지트레이닝한 것과 현실은 분명히 차이가 있었지만, 마치 실장이 된 것처럼 작은 일이라도 하나씩 해결해보고 구축해볼 수 있었다.

나는 늘 '강사'라는 꿈을 간직하며 일했다. 나의 꿈을 알고 있던 친오빠가 어느 날 페이스북을 보다가 치과위생사인데 책도 쓰고 강의도 하는, 미래의 네가 그리는 모습을 가진 사람이 있다며 그 사람의 계정을 알려줬다. 하지만 그 당시에는 '내가 감히 어떻게 이런 멋있는 사람을 만날 수 있겠어.'라는 생각에 쉽사리 용기를 내지 못했다. 물론 나도 언젠가는 멋진 사람이 될 거지만 아직은 아니라는 생각에 그 사람의 책만 읽고 말았다. 그 뒤로도 나는 항상 그래왔던 것처럼 주말마다 좋은 세미나를 찾아다녔다.

그러다 '다온C.S.M컴퍼니'의 강의를 듣게 됐고, 한 병원, 한 실장이 아닌 병원의 시스템을 얘기하는 다온의 매력에 빠지게 되며 그곳의 강의나 스터

디 등에는 대부분 다 참여했다.

　게다가 더 놀랐던 것은 예전에 친오빠가 치과위생사이자 강사, 작가로 활동한다고 얘기했던 분과 내가 1년 차 때 치과위생사 커뮤니티를 통해 알게 되며 동경하던 강사님이 이사진으로 계신다는 것이었다! 내가 감히 이렇게 멋진 사람들을 만날 수 있을까 생각만 해왔었는데 내 눈앞에 계시니 꿈만 같았다. 또 병원 내부시스템 컨설팅으로 유명한 이세리 대표님을 직접 만나 저서 〈1% 병원의 영업 비밀〉에 사인도 받고 같이 사진을 찍던 순간도 영광이었다. 이렇듯 강의를 수강하며 강사님들과 함께 식사할 기회를 가지면서 자연스럽게 내가 강사를 꿈꾸고 있다는 얘기도 할 수 있었다.

　그러던 중 내게 다른 곳에서 '강의 콘테스트'에 참여할 기회가 주어지게 되었고, 대표님께 말씀드리자 축하 인사와 함께 용기를 잔뜩 불어넣어 주셨다. 그 자리에 대표님과 이사님이 깜짝 응원을 와주셔서 더 힘이 났다. 비록 수상하진 못했지만, 그때 들은 피드백을 바탕으로 더 멋진 강사가 되어야겠다고 다짐했고, 이후 나는 더욱 탄탄한 강사가 되고 싶어 여러 강의를 들었을 때 남다름을 느꼈던 다온의 강사과정을 신청하게 됐다. 그리고 조언을 얻고 책을 읽으며 견문을 넓히고, 경험을 통해 역량을 키워가며 어엿한 강사로 자리매김하고 있다.

　많은 자기계발서에서 '부자가 되고 싶으면 부자들이 모인 곳을 가고, 되고 싶은 게 있다면 이미 된 것처럼 행동하라.'라고 말한다. 나는 병원 내부시스템 컨설턴트를 꿈꾸는 사람으로 이미 350여 곳이 넘는 병원을 컨설팅한 다온, 그리고 그 안의 멋진 대표님과 이사님들, 그리고 강사님들과 함께이기에 더 빛나는 병원컨설턴트로 성장할 것이라고 믿어 의심치 않는다.

　내가 원하는 모습을 이루고 싶다면 그런 사람들이 모인 곳으로 가라! 말을 잘하고 싶다면 스피치 모임에, 글을 잘쓰고 싶다면 글쓰기 모임에 찾아가는 것이다. 그러면서 내가 원하는 모습을 만들어가면 된다. 같은 꿈을 꾸는 집단에 함께하는 것만으로도 이미 반은 이룬 것이다. 그곳에서 당신의 꿈을 적극적으로 펼치길 바란다.

> 💡 **TIP BOX _ 7**
> - 내가 원하는 모습을 이룬 사람이 있나요?
> - 그런 사람들이 모인 곳은 어디인가요?

| 2장 |

# MYSELF_
## 일단, 나부터 행복합시다

우리는 사람은 바뀌지 않는다는 것을
듣고, 경험하여 알고있다.
그렇기에 상처받지 않으며,
그 상황을 컨트롤하기 위해서라도
나를 돌볼 수 있어야 한다.

# 1
# 나쁜 건 넌데 아픈 건 나야

나는 사소한 것도 곱씹어 생각하는 편이다. 이런 성격은 내가 가진 문제점을 인지하고 개선할 수 있다는 장점이 있지만, 마음이 건강하지 못한 상태에서는 나를 아주 못난 사람으로 끌어내린다는 단점으로 작용하기도 한다.

내가 1년 차 때 일했던 병원은 종이 차트를 쓰는 곳이었다. 그래서 환자가 접수를 하면 그때마다 차트장에 보관된 차트를 찾아야 했다. 또 이 병원은 예약시스템이 없어서 환자가 오면 그때그때 접수하고 치료를 했다. 그러다 보니 매번 환자가 올 때마다 성함을 확인해야 했는데 자주 오시는 분들은 성함을 여쭤보면 서운해하시곤 했다. 다행히 나의 장점 중 하나가 사람 얼굴을 잘 기억하는 것이어서 환자분이 오시면 차트를 보지 않고도 성함을 불렀고, 환자들도 좋아했다.

그날도 틀니치료 후 불편을 호소하시는 환자분이 오셔서 "OOO님 맞으시죠?" 하면서 접수를 해드렸다.

"으응~ 틀니 한 부분이 아파~"

그런데 선배가 어르신의 진료를 하기 위해 프로그램의 조회버튼을 눌렀더니 건강보험자격이 없다고 뜨는 것이 아닌가! 무슨 일인가 해서 환자에게 다시 성함을 여쭤보니 내가 접수한 환자와는 다른 이름을 가진 환자였다. 어르신은 귀가 어두우셔서 자신의 이름을 얘기한 줄 알았던 것이고, 하필이면 내가 접수한 환자가 돌아가신 분이었기 때문에 자격이 없다고 떴던 것이다. 선배는 나에게 똑바로 물어보고 접수를 해야지 재수 없게 돌아가신 분을 접수했냐며 나를 볼 때마다 종일 손가락질을 해댔다. 일하면서 혼나더라도 한 번도 울거나 힘들어한 적이 없었는데, 선배의 손가락질에 멘탈이 와르르 무너졌다.

'나는 왜 그때 하필이면 돌아가신 분의 차트를 꺼낸 걸까, 내가 이름만 한 번 더 확인했더라도 이런 실수는 없었을 텐데…….'

지금 생각해보면 차트를 잘못 꺼낸 것이 문제이긴 했지만 스스로 자존감을 낮출 만큼 엄청난 잘못은 아니었다. 어쨌든 우울한 기분으로 다음날 출근을 했는데 그 선배가 아무 일도 없었다는 듯이 나를 대하는 것이 아닌가. 아무렇지도 않은 선배를 보니 큰 의미를 두지 않았던 손가락질이 나에겐 깊은 상처가 됐다는 것을 알았다.

이렇듯 병원에서 일하다 보면 의미전달이 제대로 되지 않아 자신도 모르게 말과 행동으로 상대에게 상처를 주고, 또 받는 경우가 있다. 어느 날 후배가 원장님의 오더를 제대로 이해하지 못해 실수해서 혼이 나는 모습을 봤다. 같은 일로 여러 번 혼나는 것이라 후배가 어떤 부분에서 실수해서 혼난 것인지 제대로 알려주고 싶었다. 원장님이 혼낸 포인트를 찾기 위해 아까

했던 대로 해보라고 얘기했다. 그랬더니 후배가 "연습했다고요!"라면서 화를 냈다. 나는 잘 알려주고 싶어서 좋은 의도로 얘기를 한 것인데 후배가 화를 내니 당황스러웠다. 순간 나도 기분이 상해 알려주고 싶은 마음이 싹 사라졌고, 후배에게 연습하라는 말을 하고 자리를 빠져나왔다. 마음이 너무 아프면서도 후배의 그런 태도에 화가 났다.

그 후 퇴근하고 후배에게 카톡이 왔다. 화를 내려고 한 건 아니었는데 연습한 것을 몰라주는 것 같아서 속상했고, 내가 연습을 하라고 하면서 의자를 발로 차길래 화가 났다는 것이었다. 나는 먼저 자신의 마음을 얘기해준 후배에게 고맙다고 얘기하며 후배가 잘 배우길 바라는 마음을 전했다. 그리고 의자를 발로 찬 것이 아니고, 의자가 발에 걸렸던 것 같다고 얘기했다. 실제로 나는 의자가 발에 걸린 줄도 몰랐고 크게 신경 쓰지도 않았다. 그런데 상대에게는 크게 와 닿았던 것이다.

이 일을 겪고 나니 이름을 헷갈려 손가락질받았던 때가 생각났다. 선배는 정말 아무런 생각 없이 한 행동이었을 텐데 괜히 나 혼자서만 상처를 받았던 건 아니었을까? 내가 상처를 받았던 건 내 자신감과 자존감이 낮아져 있는 상태였기 때문은 아니었을까? 이 후배도 잘하고 싶은 마음이 컸을 것이고, 평소에 노력도 했기에 자신의 실수를 충분히 인지하고 있었을 것이다. 그런데 행동이 마음처럼 되지 않으면서 자신감이 떨어지고, 같은 실수를 반복하며 늘지 않는 자신의 모습에 자존감도 바닥을 쳤을지 모른다.

'나는 못난 사람', '나는 못 하는 사람'이라는 마음이 지배하고 있을 때 자존감은 낮아진다. 그리고 나의 마음이 단단하지 않으면 별것 아닌 상황이나 상대가 큰 의미 없이 하는 행동도 상처로 받아들이게 된다. 나의 마음을 단단하게 만드는 것은 그 누구도 아닌 나 자신만 할 수 있다. 나쁜 건 상대방이 던진 말이고, 그 말은 내 것이 아니기에 아파하지 않아도 된다. "넌 이렇게밖에 못하니?"라고 말했을 때 '난 최선을 다했고, 이렇게까지 했다.'라고 생각해보자. 우리는 상대의 말에 자신 있게 "반사."라고 외칠 수 있는 용기가 필요하다.

# 2
## 상처만 주는 자존감 vs 나를 지키는 자존감

내가 A병원에서 일한 지 1년쯤 됐을 당시, 복합적인 감정이 밀려와 무척이나 힘들었던 때가 있었다. 그 감정들을 이제부터 하나씩 꺼내 보려 한다.

### 모두에게 사랑받고 싶은 마음

A병원에서 나는 항상 이방인 같았다. 입사 초기 때부터 경계심이 상당했다. 아마도 선생님들의 컨설팅에 대한 마음이 온전히 열리지 않은 상태이기도 했고, 내가 컨설팅하는 회사의 소속 강사라는 것을 알았기 때문이었을 것이다. 그로 인해 일어났던 사건과 갈등도 참 많았다. 점심시간에 병원을 홀로 지키는 일도 있었고, 나만 모르는 이야기가 오가기도 했다. 그럼에도 불구하고 '언젠가는 친해질 수 있겠지, 내가 노력하다 보면 마음의 문을 열겠지.'하며 다가가려고 노력했다. 하지만 나와 선생님들 사이에는 항상 벽이 존재했다.

그러던 어느 날, 우연히 다른 선생님의 카톡을 보게 됐는데 내가 포함되지 않은, '팀장 빼고'라는 이름을 가진 병원 단톡방이 있는 것을 알게 됐다. 나는 그걸 보는 순간 혼자라고 느껴오던 것을 확인사살 받는 것 같았고 다가가고자 하는 노력이 의미 없을 거라는 생각이 들어 마음이 너무 아팠다.

코치님께 나의 속상한 마음을 말씀드렸다. 코치님은 내가 아무리 좋은 사람이라고 하더라도 모든 사람이 다 내 편일 수는 없다며 너무 속상해하지 말고 업무에 집중하자고 하셨다. 맞다. 코치님의 말처럼 모든 사람이 나를 좋아할 수도 없고, 모든 사람에게 좋은 사람일 필요도 없다. 나는 환자를 돌보는 일뿐만 아니라 병원컨설턴트를 꿈꾸는 사람으로서 병원컨설팅을 경험하며 이 병원에 시스템이 잘 정착될 수 있도록 해야겠다는 초심을 상기시켰다.

생각의 방향을 바꾸니 마음이 편해졌다. 나는 여전히 선생님들과의 관계가 어려웠지만, 이것 또한 병원컨설턴트로 성장하는 과정이라 여기며 너무 감정적으로 생각하지 않고 일에 집중하기로 했다.


다 잘하고 싶고, 인정받고 싶은 마음

여태 치과에서 일하면서 잘한다는 소리를 들어온 만큼 어디서든 잘하는 모습을 보여주고 싶었다. 그러나 100점이라고 자가진단을 하고 자신감 충만하게 들어갔던 A병원에서 정말 많이도 깨졌다. 잘한다는 소리를 들었던 지난 병원에서처럼 업무를 했는데 지적을 받은 것이다. 그런데도 나는 잘하는 사람이라고 자만하고 있었기 때문에 나를 돌아볼 생각은 않고, '그땐 상황이 이래서'라며 상황 탓, '나는 했는데 그 선생님이….'라며 남 탓만 했다.

그러다 보니 문제를 제대로 바라보지 못하고 그저 해결에만 급급해했다. 또 나로 인해 발생한 문제에 대해서도 단순 실수라고 생각하며 스스로를 '실수투성이' 취급했다. 문제가 발생할수록 자존감만 낮아졌다. 잘하는 게 아무것도 없는 사람, 병원 일이 맞지 않는 사람, 여태 내가 했던 일은 다 틀린 것, 나는 못난 사람이라고 느껴졌다. 자존감이 낮아져 있으니 상대가 하는 말마다 공격받았다고 생각하고 더 방어적으로 상대를 대하게 됐다. 나에 대한 확신이 없었고, 나를 믿지 못했기 때문에 계속 흔들렸다.

코치님은 자존감이 한없이 낮아진 채 구렁텅이에 빠진 내 모습을 보시곤, 소용돌이에 휘말린 것처럼 위태로워 보인다고 얘기하셨다. 눈물이 왈칵 쏟아졌다. 빨리 그 상황에서 빠져나오라는 코치님의 말을 듣고 말하지 않아도 내 마음을 알아주시는 것 같아서 그렇게 마음이 조금씩 달래졌던 것 같다. 사실 그전에도 코치님은 모든 것을 잘할 필요는 없다고 여러 번 얘기하셨는데, 나는 내가 부족하다는 것을 인정하지 못해 그 말이 들리지 않아 더 많이 힘들어했던 것 같다.

내가 못하는 것을 인정하고 잘하는 데 힘쓰는 것이 현명한 것이었다. 못하는 것을 인정하니 그 업무를 맡길 사람이 보였고, 부족한 부분을 채워야 한다는 생각과 함께 마음의 여유가 생기기 시작했다. 다 잘해야 한다는 생각, 상대에게 인정받으려는 생각을 내려놔야 비로소 마음이 편안해진다. 그동안 아등바등 매달린 내가 안쓰러웠다.

A병원에서 퇴사를 준비하면서 더욱 마음이 편안해졌다. 이제 더는 인정받으려고 애쓰지 않아도 되었고, 그저 남아있는 구성원들이 더 잘할 수 있도록 도와주는 그 시간이 가장 행복했다. 인정받고자 하는 마음을 내려놓고 나의 마음 상태를 오롯이 살폈던 덕분이었다.

이후 B병원에 매니저로 입사했을 땐 건강한 마음으로 다시 시작할 수 있었다. 상처받지 않기 위해 나의 약점을 돌보고 섣불리 판단하지 않았다. 그러다 보니 진짜 문제점이 조금씩 보이기 시작했다. 곧 일이 즐거워지면서 환자를 대하는 목소리 톤도 밝아지고 웃음도 많아졌다. 직원들과의 관계도 평온했다.

위의 2가지 감정은 나를 가장 힘들게 했지만, 또 그만큼 나를 성장시켜주었다. 자존감이 점차 회복되고 있을 때, ≪자존감 여섯 기둥≫이라는 책에서 '자신을 사랑하지 않으면 아무도 사랑할 수 없다.'라는 문장을 발견했다. 정말 멋진 문장이다. 그동안 자존감이 다치면 안 된다는 이유로 나를 방어하기 급급했지만 이제 안다. 그건 진정한 자존감이 아니라는 것을.

내게 상처만 준 자존감은 버리고 진짜 나를 지키는 자존감을 가져야 한다. 그러기 위해선 있는 그대로의 나를 인정하고 사랑해야 한다. 그리고 직무 역량뿐만 아니라 내면적 성장과 성숙을 위한 공부도 필요하다. 그것이 즐겁고 행복한 일터를 만들고, 상처받지 않으며, 존중하고 사랑하며 성장하는 방법이다. 자기 신뢰, 자존감이 낮으면 행동의 이유가 '두려움'이 되기 때문에 본의 아니게 같이 일하는 동료와 환자들에게 부정적인 영향을 줄 수 있다.

이제야 '직원이 행복해야 고객이 행복하고 고객이 행복해야 병원이 행복하다'라는 슬로건이 진심으로 와닿기 시작했다. 컨설팅하는 병원에서 경험했던 모든 것들이 감사했다. 그리고 이 귀한 경험을 나눠야겠다고 마음먹었다. 내가 깨지고 넘어지고, 조언을 통해 다시 일어나고, 자존감을 회복하면서 성장했던 과정들을 통해 병원종사자들이 자존감을 낮추지 않고 즐겁고 행복하게 살아갔으면 한다. 내가 행복해야 병원에 내원한 환자도 내게서 좋은 기운을 받고, 좋은 기운을 받은 환자들이 많아지면 병원도 행복해지는 선순환이 일어나는 것이다.

먼저 나를 사랑하자. 나를 사랑하는 것이 나와 환자를 위한 것이고, 나아가 내 삶과 내가 일하는 일터 또한 풍요롭게 만든다는 것을 잊지 말자.

# 3
# 바닥난 자존감 회복을 위한 6가지 실천방법

PART 1. 감사 일기를 써라

　무언가를 새로 시작할 때, 잘해야겠다는 마음이 크면 작은 실수에도 자존감이 떨어진다. 잘한다고 생각했지만 부족한 나의 모습을 발견했을 때에도 마찬가지다. A병원에서 일했을 때가 그랬다. 잘하고 싶은 마음도 컸고, 이전 병원의 원장님께 칭찬을 많이 들었기 때문에 정말 내가 잘하는 줄 알고 있었다. 그래서 처음에는 '아직 적응 기간이니까 그런 거야.', '나는 디지털 시스템이 처음이니까 그런 거야.' 등의 이유로 나의 부족함을 받아들이지 못했다. 문제가 발생하는 상황에서도 진짜 문제를 보는 게 아닌 눈앞의 급한 불 끄기에만 급급했고, 나로 인해 일어난 문제도 상황 탓, 남 탓을 했다.

　그때 나는 다온의 강사과정을 밟고 있었는데 이 과정에는 책 읽는 문화와 100일 동안 매일 감사 일기를 쓰는 문화가 있었다. 그중 감사 일기에는 좋았던 것, 잘하는 것, 새로운 것, 하루 중 감사했던 일, 책이나 명언을 읽고 느낀 점을 써야 했다. 사실 강사과정을 하기 전 감사 일기의 효과와 기적을 체험한 인물인 오프라 윈프리의 책을 읽고 그 필요성을 알고는 있었으나 쉽게 실천하지 못했었다. 따라서 처음엔 과정 중에 꼭 해야 하는 일이라 의무감에 썼는데 한 달 정도 지나니 감사 일기를 써야 하루를 마무리하는 것으로 패턴이 잡히기 시작했다.

오프라 윈프리의 《내가 확실히 아는 것들》에 "감사하게 되면 내가 처한 상황을 객관적으로 멀리서 바라보게 된다. 그뿐만 아니라 그 어떤 상황도 바꿀 수 있다. 감사한 마음을 가지면 당신의 주파수가 변하고 부정적 에너지가 긍정적 에너지로 바뀐다. 감사하는 것이야말로 당신의 일상을 바꿀 수 있는 가장 빠르고 쉬우며 강력한 방법이다."라는 글귀가 있다.

이 글을 처음 읽었을 때는 그다지 와닿지 않았던 말이었는데 실제로 감사 일기가 100일에 가까워질수록 조금씩 나의 마음을 관찰할 수 있었다. 내가 우울하고 힘들 때는 좋아하는 것, 잘하는 것이 전부 부정적인 단어로 표현됐다. 그 마음이 글로 표현된 것을 읽거나 그 마음을 부정하고 싶어서 애써 잘하는 것을 찾으려 했지만 그럴 때마다 더 힘들었다. 나의 상태를 인지하긴 했지만 받아들일 수 있는 마음의 여유도 없었고 어떻게 극복해야 할지조차 몰랐기 때문이다.

씨앗을 뿌린 뒤 물을 주고 빛을 쬐어주면서 정성을 다해 보살피면 싱그런 열매가 열리는 것처럼, 감사 일기를 쓰기 시작하고 당장 그 효과를 보지 못하더라도 정성을 다해야 한다. 나는 감사 일기를 쓰는 습관을 시작으로 하루에 하나씩 '그럼에도 불구하고' 감사한 일을 마음속에 새기고 있다. 또, 책이나 영상을 보고 와닿는 구절이 있거나 마음이 힘들 때면 글쓰기를 통해 내 마음을 더 자세히 들여다보고 나의 상태를 인지한다.

때론 선배들의 조언을 통해 힘든 상황을 극복하려 노력하고, 내가 보지 못한 내 상태를 알게 되기도 한다. 이때 열매를 맺기 위해 중요한 것은 내 마음을 온전히 받아들이는 것이다. 그제야 오프라 윈프리가 했던 그 말이 무슨 의미인지 이해가 됐다.

내가 느낀 감사 일기의 효과는 좋은 것은 더 감사하게, 나빴던 것도 감사하게 만드는 것이다. 의도적으로 하루에 하나씩 감사한 것을 찾으려 하니 때론 감사해야 하는 일을 만들기도 하고, 작은 것에도 감사하기 시작했다. 또 나의 마음을 힘들게 했던 직원의 좋은 점도 찾게 되고, 칭찬하는 힘도 생겼다. 나를 힘들게 하거나 미워했던 사람에게도 감사함을 찾게 되니 감사의 힘은 세상을 아름답게 하는 것이라는 생각도 들었다. 오프라 윈프리의 말처럼 나의 일상이 감사와 아름다움으로 차오르기 시작했다.

그저 감사한 마음을 담아 쓰면 되는 감사 일기. 첫 시작은 어떻게 하면 좋을까? 감사 일기를 시작하고자 하는 사람들은 이렇게 해보자.

1. 무조건 100일은 써라.

　100일이면 습관으로 자리 잡게 되는 시기라고 한다.

2. 하루에 하나씩 감사한 일을 찾고 글로 표현해라.

　구체적일수록 좋다. 마음으로 생각하는 것보다 눈으로 가시화했을 때 내 마음을 더 정확하게 인지할 수 있다.

3. 일상을 살아가며 부정적인 마음이 들 때면 '그럼에도 불구하고'와 함께 감사함을 찾아라.

   예를 들면, 오늘 진상 환자가 와서 무척이나 힘들었지만, 그럼에도 불구하고 이번을 계기로 문제점을 확실히 발견한 것에 감사해! 라고 쓰는 것이다.

4. 마지막은 '감사합니다.'로 마무리하라.

   오프라 윈프리의 《내가 확실히 아는 것들》 에도 나온 원칙 중 하나로, 마지막을 '감사합니다.'로 하게 되면 글과 나의 마음이 감사로 마무리되어 그 이후에도 잔잔한 여운을 남긴다.

위의 방법대로 일단 시작해보자. 막상 100일이라고 하면 길게 느껴질 수 있지만 일단 시작해보자. 작심삼일을 3번 반복하면 10일이 되고, 이것을 10번만 하면 100일은 무사히 채울 수 있을 것이다. 감사 일기로 내 삶이 더욱 충만해지는 걸 느껴보자.

> **TIP BOX**
>
> 감사일기
> 당신의 오늘 하루는 어땠나요?
> 1. 잘하는 것
> 2. 새로 경험한 것
> 3. 감사했던 일 세 가지

PART 2. 있는 그대로의 나를 인정하라

   그동안 "잘한다. 잘한다." 칭찬을 들어왔던 나. 기존에 해오던 대로 내가 생각하는 것이 맞다고 판단되면 일단 실행했다. A병원에 회의문화를 도입하고자 코치님이 시스템을 세팅하고 교육한 상황에서 나는 팀장으로서 회의를 이끌어야 했다. 나도 회의문화를 배우는 것이 처음이라 무슨 안건을 올려야 할지, 또 어떻게 진행하고 보고해야 할지 막막했다. 그래서 코치님께 어떻게 회의 안건을 정하고 보고해야 하는지 여쭤봤다. 코치님은 친절하게 알려주셨고, 나는 이해한 것을 토대로 머릿속에 해야 할 일들을 정리했다.

   드디어 세팅된 회의를 진행하는 날. 회의를 통해 정리된 사항들을 원장님께 보고 드리며 "이렇게 하기로 했습니다."라고 말씀드렸다. 오늘 회의 정말 잘했다고 스스로 뿌듯해하며 퇴근하고 집에 가는데 코치님이 화가 잔뜩 난 목소리로 전화를 했다.

"회의를 보고하라고 했더니 결론을 지어놓으면 어떻게 해요?"

"네? 그게 무슨 말씀이신가요?"

   회의를 통해 나온 의견들을 취합해서 원장님께 잘 보고 드렸다고 생각했는데 그게 잘못되었다고 하니 당황스러웠다. 무엇을 잘못한 것인지도 모른 채 코치님께 혼이 나니 그저 속상한 마음뿐이었다. 뭔가 잘못한 것 같은데 정확하게 무엇을 잘못한 건지, 그렇게 했을 때 무슨 문제가 발생하는지 알지 못했다. 보고라는 게 회의한 내용을 말씀드리면 되는 게 아닌지, 내가 알고 있던 게 잘못된 것인지 혼란스럽기만 했다.

나는 한참 동안 코치님의 설명을 듣고 나서야 알았다. 회의를 통해 나온 의견이 이러한데 원장님의 생각이 어떠하신지 여쭤보고 충분히 의논한 후에 실행을 해야 하는데 이미 다 결론이 난 것처럼 보고한 것이다. 지금 돌이켜 생각해보면, 당시 내 마음속에는 직원들이 말하는 의견을 수용하고 실행하는 모습을 보여줘야 직원들이 나를 선배로 인정하고, 원장님께도 잘하는 모습을 보여드려 인정받을 수 있다고 생각했던 것 같다. 뭐가 우선순위인지도 모르고, 원장님과 의논도 없이 일단은 내가 잘하는 모습을 보여줘야겠다는 생각에 결론을 내리고 실행하려 한 것이다.

혼자 생각하고 혼자 결정 내리는 나의 성향과 습관 때문에 문제가 발생한다는 사실을 인지하고 나서 고치려고 노력했지만 쉽지 않았다. 내가 맞다고 생각하면 주변에 확인하거나 묻지 않고 일단 결과물을 내려고 행동부터 했다. 또 생각이 많아 내 머릿속에서는 이미 정리가 된 상태에서 상대에게 얘기했기 때문에 꼭 필요한 내용을 생략하기도 했다. 이미 나 스스로 설득이 된 상태이니 상대도 설득이 될 것이라는 이상한 논리로 말이다.

처음에는 이게 문제인 줄도, 내가 이렇게 말하고 있다는 것도 잘 몰랐다. 하지만 병원의 문제점을 객관적으로 바라보고 그들의 의견을 수렴해 더 나은 시스템을 만들기 위해서는 버려야 하는 습관이었다. 시스템에 정답은 없다. 그리고 그 정답을 반드시 내가 내려야 할 필요도 없다. '정답이라고 알려진 것'이 아닌 '그 병원만의 정답'에 가깝게 가기 위해 여러 가지 상황들을 분석하고 그 병원에 '맞는' 방법을 찾을 수 있어야 한다.

A병원에서 일한 지 1년쯤 됐을 때 컨설턴트 과정을 들었다. 일을 하면서 받는 코치님의 피드백들도 도움이 되었지만, 이 과정을 통해 컨설팅의 전반적인 순서와 진짜 문제점을 찾고 솔루션을 내는 방법을 배우면서 좀 더 넓게 볼 수 있는 눈을 가지게 되었다. 또 과정 중에 계속해서 과제를 수행해야 했기에 병원에 문제점을 객관적으로 바라보는 연습을 하면서 그동안 알지 못했던 나의 모습도 볼 수 있었고, 성장하기 위해서는 인정하기 싫은 나의 부족한 모습도 받아들여야만 했다.

코치님은 나로 인해 문제가 발생할 때 항상 피드백을 해주셨는데, 덕분에 처음엔 단순 실수라고 생각했던 것들이 불건강한 상태의 나의 모습으로 인해 발생한 문제라는 것을 하나씩 알게 되었다. 내 마음은 나의 불건강한 모습을 인정하고 싶지 않은데 명백한 사실로 드러나는 문제점이 눈에 보이니 받아들여야만 했다.

그런데 '받아들여야 한다.'라고 머릿속에서는 알고 있었지만 사실 내 마음 속에서는 나 자신을 싫어하는 마음이 생기기 시작했다. '나는 너무 못난 사람', '못하는 사람', '도움이 안 되는 사람', '병원 일은 나랑 맞지 않는 것' 등 온갖 부정적인 마음들이 생기면서 너무 힘들었다. 출근하기가 싫었고, 내가 그동안 너무 큰 꿈을 꾸었다는 생각에 자괴감도 들었다.

그러다 컨설턴트 과정이 끝날 때쯤 코치님과 미팅을 하면서 나 자신이 너무 싫다고 얘기했다. 코치님은 지금 내 상태가 어떻게 보이는지 제3자의 입장에서 얘기해주시며 이런 말씀을 해주셨다.

"누구에게나 힘든 때는 있어요. 성장하기 위해서는 지금 가진 그릇이 깨져야 더 큰 그릇이 되는데 이게 깨질 때 무척 아프죠. 저는 분명 이 시기가 지나면 하현이 더 큰 그릇으로 성장해 있을 것을 알아요."

내가 깨뜨려야 할 그릇은 나의 부족한 모습을 받아들이는 것이었다. 그리고 동시에 나의 마음을 돌보는 방법을 배워야 했는데 그러기 위해서는 먼저 나를 힘들게 하는 내 마음속 소리를 들을 수 있어야 했다.

나는 앞장에서 얘기한 감사 일기와 글쓰기를 통해 내 마음의 소리를 밖으로 끄집어내려고 노력했다. 글을 쓰면서 나를 힘들게 하는 내면의 목소리는 '인정받고 싶은 마음'이라는 것을 알았다. 후배에게는 선배로서 인정받아야 하고, 선배에게는 유능한 후배로 인정받고 싶었다. 물론 이런 마음은 누구에게나 있을 것이다. 그런데 특히나 내게는 이런 마음이 강했고 그 마음이 나를 힘들게 했다. 나는 이 마음을 이겨내기 위해서 '누구나 모든 것을 잘할 수 없고, 누구에게 인정받지 않더라도 나 스스로 성장했다면 그걸로 충분하다.'라는 책의 한 구절을 되뇌었다.

아직도 때때로 인정받고 싶은 욕구가 올라온다. 그때마다 '너 혹시 인정받고 싶은 마음 때문에 그런 거니? 누구나 다 모든 것을 잘할 수 없어.'라고 스스로에게 얘기한다. 그러면 마음이 한결 편안해진다.

완벽한 사람은 없다. 나를 있는 그대로 받아들이고 부족한 것은 채우면서 넘치는 것은 내려놓는 용기가 필요하다. 그때 비로소 내면의 자존감이 채워지고, 진정한 행복을 오롯이 느낄 수 있을 것이다.

PART 3. '진짜' 긍정적으로 생각하라

나는 내게 일어나는 일들에 대해 대부분 긍정적으로 생각하는 편이라 문제가 발생해도 '괜찮아, 다음에 잘하면 되지.'하면서 넘겼다. 환자나 직원들, 원장님과의 갈등이 있을 때도 '내가 양보하지.', '내가 희생하지.'라고 생각하고 행동했다. 그러다 보니 내 마음은 그렇지 않은데 슬프고 화나는 감정을 억누르고 부정하며 '남들이 좋아할 만한 행동'을 했다. 좋게 생각하고 넘어가는 게 좋은 거라고 생각했다. 하지만 내가 행했던 긍정은 정작 문제를 제대로 바라볼 수도, 해결할 수도 없게 만들었고, 무엇보다 내 마음을 힘들게 했다.

환자와 나 사이의 문제, 또는 직원 간의 문제는 사실 나 자신과의 문제, 나 자신과의 관계에서 비롯된다. 나의 마음이 불안하고 화가 나고 짜증이 나는데 그 감정을 다스리지 못하면, 감추려고 해도 겉으로 드러나게 되는 것이다. 부정적인 감정들이 떠오를 땐 그 감정을 있는 그대로 받아들여야 한다. 그것을 부정하지 않고 인정하는 것에서부터 나 자신을 긍정하는 연습이 된다.

사람들은 긍정을 '좋게 생각하는 것'으로 여긴다. 하지만 실제로 긍정은 '그렇다고 인정함', '그러하다고 생각하여 옳다고 인정함'을 의미한다. 가톨릭대학교 정신의학과 채정호 교수는 "힘들고 어려운 상황에서 근거 없이 '괜찮을 거야.', '좋아질 거야.'라고 생각하는 건 진짜 긍정이 아니라 왜곡이자 망상"이라고 말했다. 진짜 긍정은 어려운 상황에서도 그 자체를 받아들이고 '지금 당장 내가 할 수 있는 것이 무엇인가?'에서 시작하는 것이다.

이세리 대표님, 강원주 강사님, 그리고 내가 함께하는 〈따뜻한 조언〉은 사연자들의 고민을 들어주고 현실적인 조언을 해주는 유튜브 콘텐츠이다. 〈따뜻한 조언〉의 사연은 직원들 간의 관계 때문에 힘들어하는 내용이 대부분이었다. 그중, 입사한 지 얼마 되지 않아 직원들의 텃세를 겪고 있는 사연이 있었는데, 배울 것이 많은 병원이라 생각해 이 분위기에 적응해야겠다고 버티고 있지만, 마음이 너무 힘들다는 내용이었다.

사연자처럼 텃세 부림을 당한 것은 아니지만 외톨이라는 느낌을 받아본 적이 있기에 어느 정도 공감이 됐다. 그 당시 나는 그저 내 일만 잘하면 된다고 생각하고 괜찮다고 스스로를 달랬는데 소용이 없었다. 같이 의견을 나누고 조율하며 업무를 해야 했는데 아무도 협조해주지 않았다. 그때 나만 잘하면 되는 게 아니라는 것을 알았다. 아무리 업무를 잘한다고 해도 관계에서 문제가 생기면 진행에 차질이 생길 수밖에 없다. 이 상황에서 내가 무엇을 할 수 있을지 고민했다.

당시 유행하는 핸드폰 게임이 있었는데 병원 선생님들끼리 팀을 만들어서 게임을 하고 있었다. '나는 안 끼워줄 거야.'라는 생각이 들었지만 용기를 내서 어떤 게임인지 물어보고 팀에 초대해달라고 했다. 사실 나는 핸드폰 게임을 좋아하지 않지만 이런 상황을 극복하는 데 도움이 될 것 같았다. 그다음 날이 휴무일이었는데 선생님들과 비슷한 레벨까지 올라가고자 온종일 핸드폰 게임을 했던 기억이 난다. 그만큼 절실했다. 내 마음이 통한 것일까? 다음날 출근한 뒤부터 게임으로 공감대가 형성되면서 같이 애기를 나눌 수 있는 시간이 조금씩 늘어나기 시작했다. 그렇게 조금씩 벽을 허물고 관계를 이뤄가니 업무도 잘 진행되었다. 또 함께 문제를 찾고 어떻게 해결하면 좋을지 의논하면서 더욱 깊은 라포 형성을 할 수 있었다.

코치님은 〈따뜻한 조언〉의 사연자들에게 '긍정적으로 생각하되 무조건적인 긍정은 안 된다.'고 하셨는데 이제야 그 의미를 조금씩 알 것 같다. 무조건적인 긍정은 오히려 나를 더 힘들고 지치게 한다. 진짜 긍정을 하기 위해서는 내 마음을 인지하고 있는 그대로 받아들여야 한다. 그런 다음의 상황에서 내가 할 수 있는 것이 무엇인지 고민해야 한다. 물론 이때에도 내 마음이 납득된 상태에서 진실된 행동을 해야 한다.

잘 모르겠으면 내 마음에 귀를 기울여보자. 기쁜지, 즐거운지, 혹은 하고 싶지 않은지, 화가 나는 건 아닌지 그 소리를 들어보자. 그렇게 조금씩 연습하다 보면 내가 언제 힘들고 또 어떻게 해야 마음이 편안한지 알 수 있을 것이다. 더 이상 남을 위한 긍정은 그만하고, 당신의 마음을 잘 돌보아라! 그것이 진짜 긍정을 만드는 방법이다!

## PART 4. 나를 사랑하라

'해봄글쓰기' 과정을 들었을 때 씨앗 도서로 ≪나로 살아가는 기쁨≫을 읽었다. 저자가 4년간의 암 투병과 그 끝에 경험한 임사체험을 통해 바뀐 자신의 삶에 대한 관점을 기록한 책이었다. 저자는 삶이 바로 천국인데 사회를 지배하고 있는 거짓 신념들 때문에 우리가 두려움과 불안 속에 살고 있다고 얘기하며, 이 거짓 신념에 휘둘리지 않고 '진짜 나 자신으로 사는 방법'을 알려준다.

우리가 살아가면서 모든 행동을 하게 된 데는 사랑과 두려움이라는 원동력이 있었다. 정말 사랑하기 때문에 마음에 우러나서 그 일을 행하는 경우도 있고, 안 하면 안 될까 봐, 안 하면 잃을까 봐, 상대가 실망할까 봐 두려워서 일을 행하는 경우도 있다. 나는 인정받고 싶은 욕구와 책임감이 강해서 나의 역할이 무의미해질까 봐, 상사가 실망할까 봐, 후배들이 무시할까 봐 하는 두려움이 원동력이 되어 일했다. 그러다 보니 타인과 비교하게 될 뿐만 아니라 상대가 칭찬하거나 따르지 않으면 스스로 나 자신을 낮추고, 일을 못 했다고 생각했다.

어릴 적부터 '참아야 한다, 양보해야 한다, 말대꾸하면 안 된다.'라는 말을 듣고 자라다 보니 화를 내거나 양보하지 않으면 이기적이라는 소리를 듣고 나쁜 평가를 받게 되는 것이 두려웠다. 그래서 참고 양보하며 나 자신을 가장 마지막에 생각했다. 책에서도 이런 식으로 진정한 자아를 숨기며 살았기 때문에 암에 걸렸다고 했다. 이 구절을 읽었을 때 나도 이러다 암에 걸리는 건 아닌지 덜컥 겁이 났다.

나는 암에 걸리는 것도 무섭고 나 자신을 진정으로 바라보는 것도 무서웠다. 하지만 둘 다 무서운 일이라면 나 자신을 진정으로 바라보고 사랑하는 것이 백 번 천 번 현명한 일이라는 것은 분명한 사실이니 노력해보기로 했다.

더 큰 사람이 되고자 하는 나의 꿈을 위해 실행할 항목들을 적은 만다라트에도 '나 자신을 사랑하기'를 매번 써넣었는데 말처럼 쉽지 않았다. 나를 사랑하기 위해서는 나의 약점을 볼 수 있어야 한다. 진정한 나를 보는 것은 나의 실망스러운 모습이나 실패하는 모습마저도 사랑해야 한다. 나는 나의 부족한 모습을 어렴풋이 알고 있었지만 제대로 마주하게 되면 나 자신이 미워질까 봐 무서워서 모르는 척했다.

실제로 나의 부족한 모습을 받아들이고자 했을 때는 정말 아팠다. 이 책에서 얘기하고 있는 상황들을 겪으면서 마음이 아팠고, 일하면서 한 번도 걸린 적 없던 독감에 걸려 몸도 아팠다. 나의 부족한 모습을 보고 있자니 스스로가 미웠다. '나는 왜 생각만 많아서 행동도 하지 않고, 손도 빠르지 않고, 센스도 없는 걸까, 진짜 못났다.'라면서 나를 구박했다.

하지만 이 구렁텅이 속에 빠져서 하염없이 울고만 있을 수는 없었다. 지푸라기라도 잡아야 했다. 선배들의 조언, 책과 글쓰기를 통해 나의 상태를 인지하고 긍정적으로 생각하며 나의 감정을 돌보기 시작하면서 나 자신을 사랑하는 방법을 조금씩 알아갔다. 지금 그 당시를 떠올리면 '그때 제대로 마주하고 내 감정을 달래줄걸.'이라는 생각이 들어 아쉬울 때도 있다. 그랬다면 하루라도 더 빨리 행복하고 즐거운 병원 생활을 할 수 있었을 테니 말이다. 나 자신을 사랑하지 못하는데 다른 사람을 어떻게 사랑할 수 있을까. 스스로를 따뜻이 보듬어주며 이렇게 말해보자.

"나는 나 자신을 사랑할수록 내 이웃도 더 소중하게 생각하고 사랑할 수 있으며 기쁘게 살아갈 수 있다. 나는 존재 자체만으로도 가치 있는 사람이자 사랑받기 충분한 사람이다."

나를 응원하고 축복하고 사랑하자.

## PART 5. 상대는 나와 다름을 인정하라

　나는 좋고 싫음이 확실한 사람이다. 나에게 상대를 이해하는 것이란, 나와 의견이 맞는 사람과 그렇지 않은 사람으로 구분 짓는 것과 같았다. A병원에서 일할 때, 한 스텝이 나에게 데스크에서 진료실을 고려하지 않고 당일 예약, 미 예약 접수를 받으니 환자의 대기시간도 길어지고 진료실이 너무나 바쁘다고 얘기했다. 하지만 내가 봤을 땐 체어도 남아있고, 한 사람이 두 명을 충분히 볼 수 있을 것 같은데 힘드니까 안 보려고 그러는 것 같았다. 그렇게 환자를 가려서 보다가 어떻게 신환수를 늘리겠다는 건지 이해가 되질 않았다. 나는 그 스텝에게 "데스크 입장에서는 온 사람을 가라고 할 수가 없어요. 통증이 있는데 참고 가라고 할 수도 없고, 특히 신환은 될 수 있으면 진료를 해야 우리 병원 환자가 될 수 있으니까 조금 대기를 하더라도 보는 게 맞지 않을까요?"라고 말했다. 스텝은 한숨을 쉬면서 너무 바빠서 볼 수 없다고 했다.

　그 당시에는 자존감도 떨어져있던 상태라서 진료실 업무도, 데스크 업무도 자신감이 없었기에 그저 서로 신경 써보자고 얘기하고 더 이상 말하지 않았다. 생각해보면 그 스텝의 입장에서는 진료실이 너무 바쁘고 손이 부족해서 볼 수 없는 상황이었을 텐데 나는 이해하려고 하지도 않았다. 아니, 이해할 수가 없었다. 손이 부족하든, 바쁘든 무조건 봐야 한다는 생각이 지배적이었기 때문에 다른 사람의 상황을 이해할 여유가 없었던 것이다. 그렇게 혼자서 생각만 하다 보니 그 사람은 나랑 안 맞는 사람, 일하기 싫어하는 사람이라고 단정 짓게 됐다.

이후, 코치님이 예약시스템을 잡아주시면서 상황은 해결됐다. 내가 더 이상 말하지 않아도 시스템으로 잡히니 환자를 더 봐야 한다, 말아야 한다 실랑이하지 않아도 되었다. 하지만 내 마음속 갈등은 쉽게 사라지지 않았다.

사실 그 스텝은 나보다 후배였지만 손도 빠르고, 진료의 흐름을 잘 파악하는 센스 있는 직원이었다. 진료실 안에서 어레인지를 아주 잘하는 친구였는데 내가 그 상황에서 그 친구의 의견에 동의하면 무시당할 것만 같았다. 자존감이 떨어지니 중간관리자로서 더 좋은 방법을 찾는 것이 아닌, 하면 안 되는 이유만 찾았다. 어떻게 해서든 내가 맞다는 것을 알려주고 싶었고, 내 의견을 관철하고 싶었다.

이후 점점 나의 마음과 감정을 알아가면서 지난 과거를 돌이켜봤을 때, 나의 부족한 부분을 인정하지 못해서 생긴 괜한 자존심이 내 마음을 더 힘들게 하고 상대와도 갈등을 빚게 만든다는 걸 알게 됐다.

나와 의견이 다를 때는 틀린 것이 아니다. 그러므로 상대의 생각과 의견을 묻고, 무엇 때문에 힘든지 진짜 문제를 찾아서 함께 의견을 조율해야 했다. 상대가 힘들다고 표현하면 진짜 힘든 것이다. 의심하지 않고 인정해줘야 한다.

B병원에서도 A병원과 비슷한 상황이 있었다. 체어별 예약시스템으로 적응해가는 과정에서 시스템이 아직 완전히 자리 잡지 않은 상황이라 예약의 유동성이 있었다. 진료실 전담 컨셉으로 시스템을 세팅하고 있었기에 진료실에서 진료 전, 후 주의사항을 설명하고, 예상 진료시간을 말씀드린 뒤 예

약을 잡고, 보험청구까지 해야 했다. 그러다 보니 한 환자에게 집중해야 하는 시간이 어느 정도 필요했는데, 진료팀장은 이런 상황에서 당일 예약하지 않은 환자까지 받으니 환자의 대기시간도 길어지고 진료실도 너무 바빠 힘들다며 토로했다. 솔직히 인력이 부족해 모두 바쁘게 진료를 보는 상황이긴 했다. 그럼에도 아프다는 환자, 1시간 이상 기다려서라도 보겠다는 환자를 돌려보낼 수는 없었다.

진료팀장은 나에게 이 시스템이 현실적으로 가능하다고 생각하냐며 진료실의 일이 너무 많아지고 힘드니 사람들이 다 질려서 나가는 거라고 했다. 그 순간 옛날 생각이 주마등처럼 스쳐 지나갔다. 그때처럼 단정 짓지 않고 상대의 의견을 인정하겠노라 생각했다. 그래서 먼저, 어떤 부분들이 힘든지 얘기를 들었다.

가장 첫 번째 문제는 당일 예약이었다. 전화가 오면 예약을 분산하는 것이 아니라 당일 비어있는 시간에 넣는다는 것이다. 그리고 예약 없이 온 환자도 대기시간을 알리기는 하지만 접수를 하고 "OOO 님 언제 진료 가능하세요? 현재 얼마나 대기해야 하나요?"라고 진료시간을 확인하는 것 자체가 압박처럼 들린다고 했다. 그러나 현실적으로 당일 예약 문의 전화가 많이 오고, 예약 없이 통증을 호소하며 오시는 분들이 많아 당일 예약을 안 잡을 수는 없었다. 나는 팀장에게 시스템에 적응해가는 과정에서는 당연히 어려움이 있기 마련이고, 우리가 안 된다고 해서 자꾸 힘든 소리만 하면 새로 들어온 직원들도 그 모습을 보고 힘들어할 거라고 얘기하며 조율해보자고 했다.

그리고 서로 좋은 방법을 찾기 위한 대화 끝에 방법을 찾았다. 통증을 호소하거나 진료가 급한 환자가 아닌 경우에는 최대한 다른 날로 예약을 잡아드리고, 팀장은 매일 아침 예약 브리핑 전 예약표를 파악해서 당일 예약 가능한 시간대를 정해주기로 했다. 그러면 데스크에서 당일 예약문의 전화를 받는 경우 미리 체크 해둔 '가능한 시간대'에 예약을 잡을 수 있다. 예약 없이 온 환자는 진료실에 먼저 확인한 후 접수를 하기로 했다. 급하지 않은 진료는 예약을 잡아드리고, 오늘 반드시 봐야 하는 환자는 통증 부분을 우선으로 진료한 다음 다시 예약을 잡기로 했다. 팀장은 너무 좋은 방법이라며 다 같이 노력해보자고 했다.

만약 내가 상대의 힘든 상황을 부정하고 의견을 물어보지 않았더라면 나는 나대로 내 의견을 따르지 않았다고 생각했을 것이다. 상대를 이해한다는 것은 그 상황을 오롯이 받아들이고 상대가 진짜 원하는 것은 무엇인지, 또 무엇 때문에 힘들어하는 것인지 질문하는 것에서부터 시작한다. '상대는 이런 생각일 거야.'라는 추측은 상대를 무시하는 것과 같다. 상대를 이해하고 싶다면 먼저 그의 생각을 물어보자. 그리고 그 생각에 서로의 의견을 덧대어 나가자. 그러면 서로를 이해하면서 더 좋은 방향으로 나아가게 될 것이다.

## PART 6. 선배에게 조언을 구하라

나는 힘들어도 힘들다는 말을 잘하지 못한다. 아니, 사실 어떤 게 힘든지 잘 모른다. 사실은 너무 힘들지만 머릿속에 '내가 무슨 잘못을 했나?', '이런 상황에서 어떻게 해야 하지?'라는 방법론적인 생각들이 가득하다 보니 내 감정을 들여다보지 못했다. 코치님은 내게 힘들면 언니한테 얘기하듯 말하라고 했지만, 부모님께도 힘들다는 표현을 안 하고 살아왔던지라 어떻게 얘기해야 할지 몰랐다. 또, 문제가 발생하면 내가 잘못한 건 아닌지 먼저 생각하다 보니 모든 것이 나의 실수처럼 생각되기도 했다.

한 환자가 왼쪽 치아가 깨져서 내원한 일이 있었다. P원장님은 교합 기능이 거의 없어서 원하면 크라운 치료가 가능하다고 진단해주셨다. 그런 뒤에 다음 내원 시 환자 불편감에 따라 치료 필요성을 말씀드리고 시기를 결정하겠다고 설명하고 차트에 메모하셨다. 환자는 원장님의 의견에 따르겠다고 했고 우선 다른 치아를 치료할 것이 있어서 치료를 시작했다. 그 후 치료하던 치아 마무리를 하는 날 P원장님이 바빠서 L원장님이 진료를 보시게 되었는데 여기서 문제가 생겼다. L원장님은 차트를 확인하지 않은 채 이전에 P원장님이 지켜보자고 한 치아를 보며 치료해야 한다고 말씀하시는 게 아닌가? 환자는 같은 병원에서 다른 얘기를 하니 어떻게 해야 할지 몰라 혼란스러운 눈빛이었다. 그제야 L원장님은 차트를 확인했고, 다시 환자에게 치료가 필요하지만 일단 지켜보자고 말씀드렸다. 다행히 잘 이해하시고 넘어갔다.

L원장님은 환자분이 가시고 바로 나를 불러 내가 P원장님이 진단 내리기

전 사전 상담하면서 기록해둔 '금이 간 치아로 크라운 치료 필요'라고 쓴 것만 보고 얘기한 거라고 하셨다. 하지 않기로 했다면 색깔 펜으로 눈에 띄게 적어놨어야 했는데 그렇지 않아서 이런 문제가 생긴 것 같다고 다음부턴 반드시 기록하라고 하셨다. 나는 '내가 확실하게 적어놓았더라면 이런 일이 일어나지 않았을 텐데.'라는 생각에 스스로를 자책했다.

그날 저녁, 코치님들께 상황을 보고 드렸다. 이전에는 내가 한 실수를 숨기고 싶어서 얘기하지 않은 적도 많았다. 하지만 그럴수록 문제는 더 크게 번졌고 오히려 힘든 순간들이 많았다. 이번 일 또한 내 실수로 빚어진 일이기에 말씀드리고 빨리 상황을 해결하는 게 좋을 것 같아 용기를 내어 보고했다. 그러나 코치님들은 그 상황을 이미 알고 있었고 내 표정을 보더니 괜찮다고 토닥여주셨다. 내 잘못이 아닌데 왜 이렇게 주눅이 들었냐고 주눅들지 말라고 하셨다. 그 말에 괜스레 코끝이 찡해졌다.

그리고 객관적으로 그 상황을 바라보고 조언해주셨다. '확실하게 적지 않은 것'이 문제가 아니라, '환자 내용이 전달되지 않고, 차트를 보지 않은 것'이 문제라고 하셨다. 원장님이 그렇게 말씀하셨을 때 컨설턴트의 시각에서 바라보고 '앞으로는 확실하게 적어야겠다.'라고 생각하는 것이 아니라 전달이 되지 않았던 이유, 차트를 보지 못했던 이유를 찾고 그에 대한 해결책을 찾아야 한다고 했다. 병원 내부에 있다 보니 자꾸만 '직원의 시선'으로 바라보고 생각하게 되는 것 같았다. 코치님들의 뼈 때리는 조언에 다시 정신을 차렸다. 코치님들은 나에게 도움이 되는 말이라면 쓴소리도 마다하지 않으셨다. 다 나를 생각해서 하는 말들이기에 나도 겸허하게 받아들였다.

내 주변에는 정말 좋은 사람들이 많다. 내 성격상 힘들다는 얘기를 잘하지 못하는데 이미 내 마음을 알아차리고 도움을 주신다. 하지만 정확히 어떤 부분이 힘든지 얘기하지 않으면 상대는 알 수 없다. 계속 관찰하면서 힘든 게 있나 없나 살펴볼 수도 없다. 그리고 그 생각이 늘 정확한 것도 아니다. 내 이야기를 해야 정확한 피드백을 받을 수 있고, 그 피드백에 따라 성장할 수 있는 기틀을 만들 수 있다.

어떤 상황을 겪을 때 마음이 힘들거나 고민이 된다면 허심탄회하게 고민을 얘기할 수 있는 선배에게 털어놓자. 선배의 진짜 조언은 나의 고민에 동의해주고 '괜찮다'라고 말하는 것만으로 끝나는 게 아니라 객관적으로 바라보고 나의 삶에 도움이 되는 얘기를 해주는 것이다. 대표님은 〈따뜻한 조언〉에서 '나보다 하루라도 더 살고, 먼저 겪은 선배의 경험과 연륜은 그냥 쌓이는 것이 아니다.'라고 하셨다. 나는 코치님들의 경험과 연륜에서 비롯된 조언을 듣고 많은 상황을 간접적으로 경험해보며 다시 한번 현명하게 헤쳐나갈 수 있었다.

궁금증이나 고민이 있을 때 혼자서만 생각하면 한없이 자존감이 낮아지기도 한다. 그럴 때 혼자서 고민하지 말고 선배들의 조언을 통해 헤쳐나가다 보면 분명 자존감이 조금씩 높아질 것이다. 선배들도 내가 겪었던 어려움과 상황을 비슷하게라도 경험하면서 성장한 사람들이다. 선배들의 조언을 참고삼아 그 시기에 내가 해야 할 작은 일부터 시작하고 이뤄내며 자존감을 조금씩 올려보자!

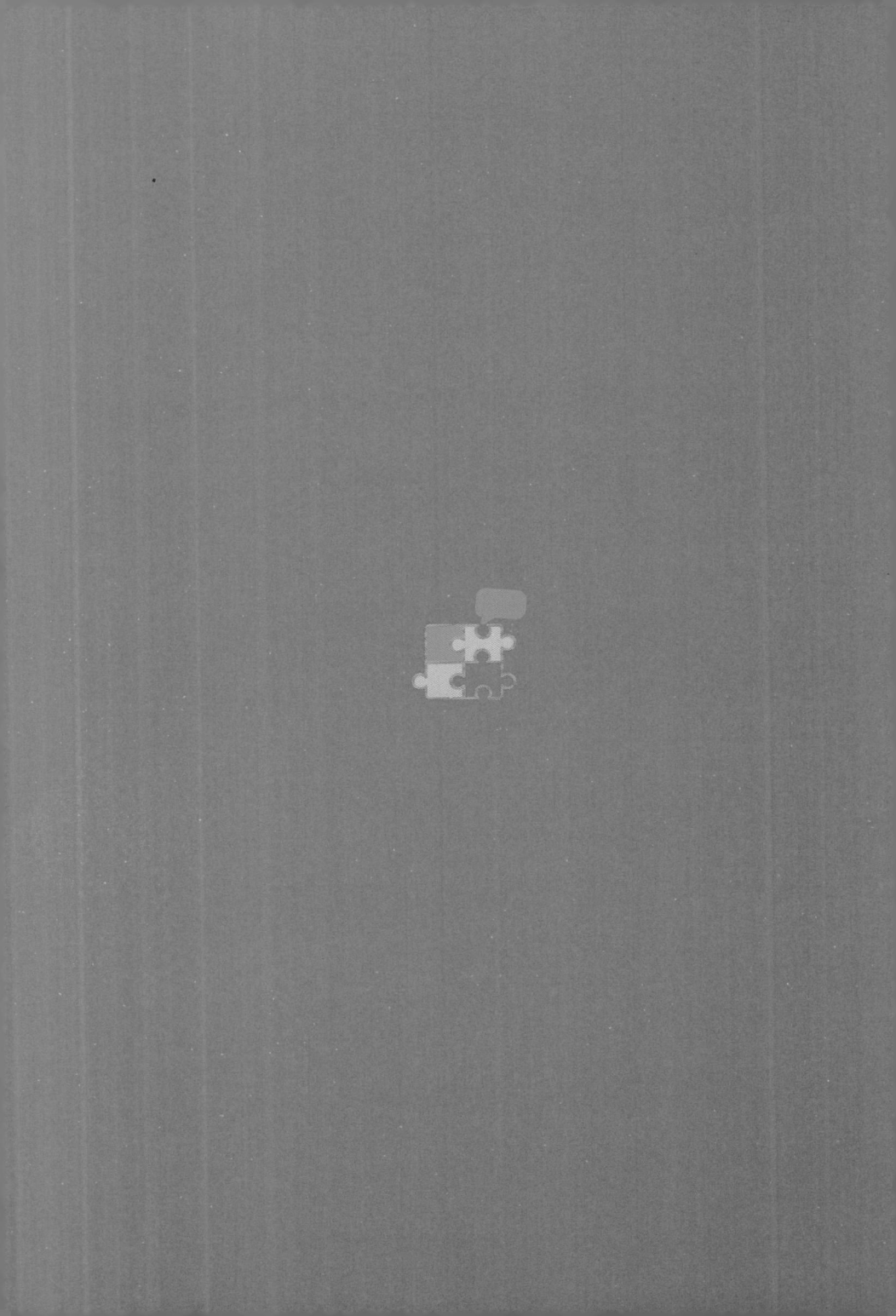

| 3장 |

# RELATIONSHIP_
## 즐거운 병원 생활을 위한 관계와 커뮤니케이션

서로 다름을 인정하고 이해하며 배려하는 것.
말은 쉽지만 마음에서 우러나와 행동하기에는
한없이 어려운 부분이다.
즐거운 병원문화를 만들기 위해
상대방의 의견을 진심으로 듣고,
그의 입장에서 생각하려는 노력은 계속되어야 한다.

# 1
## 수시로 아프다고 하는 팀원, 이거 꾀병 아니야?

"저 머리가 너무 아픈데 병원에 좀 다녀와도 될까요?"

오전 진료가 마무리될 때쯤 진료실에서 후배가 내게 말을 했다. 오전 환자도 거의 마무리됐을 때쯤이라 다녀오라고 했다. 며칠 후 점심 식사를 맛있게 하고 선생님들과 재미있는 얘기도 하면서 신나게 떠들다가 오후 진료 준비를 위해 일어서려는데 그 후배가 또 나를 붙잡고 머리가 아프다며 병원에 다녀오겠다고 하는 게 아닌가? 이미 예약환자가 많았던 상태라 약 먼저 먹고 조금 지켜보는 건 어떻겠냐고 물었다. 후배는 알겠다고 얘기하며 다시 진료실로 돌아갔다.

'어떻게 점심시간에 그렇게 신나게 놀던 애가 저렇게 갑자기 아플 수가 있지? 바쁜 거 뻔히 보이면서 왜 약 먹고 참아볼 생각은 안 할까?'

나는 후배에 대한 걱정이 앞서기보다는 꾀병을 부리는 것으로 생각하고 후배를 의심했다. 당시 몸이 안 좋아서 병원에 다녀야 했던 선생님이나 허리 디스크가 있어서 병원에 다녀야 했던 선생님이 가끔 오전 진료만 하고 가는 경우가 있었는데 나는 그것 때문에도 혼자 예민해져 있었다. 물론 몸이 안 좋으면 병원에 갈 수 있지만 이런 일이 여러 번 반복되니 '당연히 아프면 조퇴해야지.'라고 쉽게 생각하는 듯한 모습이 책임감 없고 애사심 없는 행동으로 보였다.

그렇게 몇 주가 지났다. 아침에 한창 출근 준비를 하고 있는데 그 후배에게 카톡이 왔다. '앉지도 못하고 걷기도 힘들어서 병원에 다녀와야겠다, 원장님께 말씀드리겠다.'라는 내용이었다. 스스로 결정하고 나에게 통보하는 듯한 말에 살짝 기분이 나빴지만, 병원에 잘 다녀오라고 얘기했다. 출근하고 원장님께 K선생님이 허리가 아파서 병원에 다녀오기로 했다고 전달했다. 원장님은 후배를 배려해 허리 아프면 출근해도 일하기 어렵고 어차피 내일도 휴진이니 오늘, 내일 푹 쉬고 내일모레 보는 게 좋겠다고 하셨다.

다다음날 아침에 또 그 후배에게 카톡이 왔다. 아직도 통증이 있어 하루 더 쉬려는데 그래도 되겠냐는 내용이었다. 이미 쉬겠다고 또다시 혼자 결정 내리고 나한테 물어보는 것 같아 화가 나서 그 후배에게 아프다고 해서 이틀이나 배려해줬는데 이렇게 카톡으로 쉬겠다고 통보하는 거냐고, 적어도 와서 얘기해야 하는 거 아니냐고 한마디 했다. 그랬더니 후배는 그래도 되겠냐고 물어보는 거지 통보하는 게 아니라며 도리어 화를 냈다.

후배의 말을 듣고 다시 찬찬히 생각해보니 내가 너무 감정적으로 대한 것 같았다. 그저 몸이 아파서 쉬어도 되냐고 물은 것뿐인데 '이미 정해놓고 통보하는 거야?'라고 나 혼자 지레짐작하고 화를 냈다. 내 행동에 후배가 상처받지는 않았을까 걱정되어 코치님께 상황을 말씀드렸다. 코치님은 "팀장님,

정말 너무 아파서 못 나오는 게 아닐까요? 아픈 사람이 어떻게 병원에 와서 말을 할 수 있겠어요. 그럼 진작 병원에 와서 말을 했겠죠."라고 말하며 이런 경우에는 그저 아픈 사람의 마음을 어루만져주는 것이 더 좋다고 얘기했다. 그 말을 듣는 순간 '꼰대도 나 같은 꼰대는 없겠다.'라는 생각과 함께 얼굴이 붉어졌다.

코치님은 의심부터 하지 말고 건강을 먼저 챙겨주라고 하시면서 내가 그 사람이 아니기에 얼마나 아픈지 감히 판단할 문제가 아니라고도 하셨다. 또 설령 그 사람이 거짓말을 하는 것 같다는 마음이 들 때도 그 사람을 믿어줘야 한다고 하셨다. 그때에도 진심으로 걱정하고 챙겨준다면 오히려 상대가 미안한 마음이 들어 결국 거짓말을 멈추게 된다는 것이다.

코치님의 얘기를 들으며 그동안 섣불리 동료를 판단하고 의심했던 나를 반성했다. 그리고 앞으로는 누군가가 아프다고 조퇴를 한다거나 쉬겠다고 하면 건강부터 걱정하고 병원의 환자 예약상황을 고려해 충분히 쉴 수 있도록 배려해야겠다고 생각했다.

우리도 일하다 보면 아픈 일이 됐든, 급한 일이 됐든, 상대에게 양해를 구해야하는 상황이 분명히 있을 것이다. 이때 아픈 것도 서럽고, 사정이 생겨 출근하지 못하는 것도 미안해하고 있는데 이해해주지 않으면 기분이 굉장히 좋지 않을 것이다. 이런 곳에서 굳이 일해야 할 이유도 없을 거고 말이다. 단, 한 직장에 소속된 직원으로서 본인만 생각하는 것이 아닌 오너와 직장 동료들의 입장도 고려해야 한다. 내가 아프거나 일이 생겨서 빠지면 당연히 직원들이 내 역할을 나눠서 할 것이라는 생각은 버리자. 당연한 것은 없다.

어쩔 수 없는 상황이니 당연히 이해해줄 것이라는 생각보다는 고마운 마음, 미안한 마음을 가져야 한다. 부재하게 된 직원의 역할을 나눠서 하는 사람들도 나도 언젠가 아프거나 문제가 생길 수 있다는 것을 알고 서로 배려하며 기꺼이 돕자.

  병원의 입장에서도, 직원의 입장에서도 서로 배려하는 분위기가 형성될 때 진정으로 즐겁게 일할 수 있을 것이다.

# 2
## 직장 내 뒷담화, 긍정적인 방향으로 이끌기!

C병원에서 일한 지 얼마 안 됐을 때의 일이다. 점심시간에는 일상얘기도 하고 오전 중 진료 관련 이야기나 환자 얘기를 나누기도 했다. 그날도 선생님들과 다 같이 모여앉아 얘기하며 점심을 먹고 있었는데 한 선생님이 먼저 운을 띄웠다.

"오전에 OOO님을 봤는데 오늘도 땀 냄새 쩔었어. 안 씻고 다니나 봐."

그러자 여기저기서 "내가 봤던 환자는 머리 안 감고 왔는지 머릿기름 쩔더라."등 마치 배틀이라도 하듯이 환자에 대한 흉을 보기 시작했다. 그리고 다른 날은 그 자리에 없는 동료 뒷담화를 하더니 또 다른 날에는 원장님 뒷담화를 하는 것이 아닌가.

뒷담화를 하는 이상한 분위기가 형성되자 들어온 지 얼마 안 된 1년 차도 '당연하구나.'라고 생각 한 것인지 직접 주도해서 흉을 보는 날도 있었다. '하루 이틀로 끝나겠지, 일종의 하소연이겠지.'라고 생각했었는데 1년 차까지 그러니 상황이 심상치 않다고 느꼈다. 이 이상한 분위기를 끊어야 했다.

나는 코치님들께 관찰 상황을 말씀드리고 어떻게 해결하면 좋을지 조언을 구했다. 코치님은 중간관리자로서 얘기해야 할 부분이니 선생님들에게 상황을 얘기해보라고 하셨다.

다음날 어김없이 환자에 대한 흉이 시작됐다. 나는 점심시간이 끝날 때쯤 그런 분위기를 형성했던 고연차 선생님들에게 그간 봐왔던 상황과 내 생각을 얘기했다. 요즈음 어떤 얘기가 오갔었고, 1년 차 선생님이 먼저 험담하는 것을 보고 이러면 안 될 것 같다고 말했다. 선생님들은 잠시 침묵하더니 고개를 끄덕였다. 그리고 환자에 대해서 우리가 나눠야 할 얘기가 있다면 환자를 어떻게 하면 잘 돌볼 수 있을지, 문제가 되는 상황이 있다면 해결방법을 고민하는 방향으로 얘기를 나누기로 했다. 또한, 후배들에게 모범이 되고 즐거운 병원 분위기를 만들기 위해 다 같이 노력하기로 했다.

한 심리학책에 의하면 사람들은 누군가와 친해지려고 할 때 다른 사람을 험담하면서 친밀감을 형성하는 경우가 많다고 한다. 그러다 보면 조직 내에 그룹이 만들어지기도 하는데 그룹 안의 사람들끼리는 단합이 잘 되는 것처럼 보이지만, 병원 전체를 보면 그렇지 않은 경우가 많다. 나는 이런 조직에서 서로 친한 듯하지만 경계하는 느낌을 받기도 했다. 언제 이 사람이 자신의 뒷담화를 할지 모른다는 불안감이 서로에게 있는 것이다. 팀워크가 잘 이뤄지면서 즐겁게 일해야 하는 병원에서 이런 분위기는 서로 간에 신뢰를 형성할 수 없을뿐더러 환자는 병원에서 왠지 모를 차가움을 느끼게 될 것이다. 우리가 존중하고 돌봐야 할 환자에 대해 험담하는 것도 환자를 잘 보겠다는 진심에서 점점 멀어지게 만드니 조심해야 한다.

일을 하다 보면, 화를 내고 싶거나 서운한 감정이 들기도 하고 이해할 수 없는 상황 때문에 누군가에게 하소연하고 싶을 때도 있다. 그럴 땐 왜 그런 마음이 들었는지 나를 먼저 돌아봐야 한다. 그리고 하소연함으로써 내가 얻고자 하는 것은 무엇인지 생각해보아야 한다. 그렇게 하면 그 상황을 객관적으로 바라볼 수 있게 되고, 단지 내 감정을 누군가에게 호소하는 것을 넘어서 나에게 도움이 되는 방향으로 조언을 구할 수 있는 질문을 떠올리게 된다.

이때 누구에게 얘기를 하느냐도 중요한데, 무조건 내 편이 아니라 객관적으로 바라보고 조언을 해줄 수 있는 사람에게 얘기하는 것이 좋다. 무조건 내 편만 들어주는 사람에게 얘기하면 그 순간은 마음이 편하면서 위로받았다고 느낄 수 있다. 하지만 그것은 잠깐일 뿐이다. 내게 문제는 없는지 상대방의 입장에서 생각해보며 자신에게 질문을 던지는 시간을 충분히 가져야 하는데 함께 맞장구치다 보면 기분이 고조되어 '진짜 문제의 본질'을 보지 못하고 감정적으로만 흘러가게 된다. 또 결국 '나'는 잘못한 것이 없고 '상대'가 다 잘못한 것으로 몰아가게 되어 악순환이 이어지게 된다. 이득 되는 게 없는 것이다.

반대로 나도 누군가가 하는 하소연이나 험담을 듣게 되는 경우가 있을 것이다. 그럴 때 그 사람의 마음을 위로해준답시고 어쭙잖게 같이 험담을 하거나 맞장구치지 않도록 조심해야 한다. 오히려 동조하지 않고 그저 들어주는 것만으로도 도움이 된다. 꼭 조언하지 않아도 좋다. 그 사람이 조언을 구하지 않았고, 들을 준비도 되어있지 않다면 그것은 잔소리가 되어 다시는 나에게 얘기하고 싶지 않을 것이다. 자칫하면 사이가 멀어지게 될 수도 있다. 사람은 하소연하면서 자기 생각과 감정을 정리하기도 하니 잘 들어주면서 상대가 객관적으로 생각해볼 수 있게끔 적절한 질문을 해주는 것이 낫다.

고연차 선생님들과 얘기를 나눈 뒤 어느 날 점심시간이었다. 한 선생님이 그 전처럼 오전에 환자를 보는데 원장님이 어쨌다 저쨌다 하면서 하소연을 했다. 우리는 "어떤 상황이었어요?", "그때 어떤 재료가 부족했어요?", "어떻게 얘기했어요?" 등의 질문을 했다. 처음에는 이런 분위기가 익숙하지 않아 어떤 질문을 해야 할지 몰랐지만 이런 식으로 얘기를 나누려고 노력하다 보니 나중에는 선생님들이 먼저 "이런 상황이었는데 제가 이렇게 했어요. 그런데 원장님께서 이렇게 화를 내시더라고요. 제가 뭘 잘못했는지 저는 잘 모르겠어요."라면서 얘기를 꺼내기 시작했다. 험담과 하소연으로 끝날 수 있었던 상황들이 다 같이 고민해볼 수 있는 시간으로 변화하기 시작한 것이다.

지금 우리 병원의 분위기는 어떤가? 혹시 아무런 해결책 없는 험담이나 하소연으로 끝나는 경우가 있진 않은가? 그렇다면 그 상황에 동조하지 않고 상황을 바꾸는 질문을 해보는 건 어떨까? 그 자리에 머무르는 대신 더 나아가고, 또 성장하고 싶다면 질문을 통해 병원의 분위기를 바꿔보자.

# 3
## 나와 상대를 성장시키는 피드백의 기술

 오전 진료가 끝나고 점심을 먹으려는데 후배 한 명이 입이 삐죽삐죽 튀어나와서는 밥을 안 먹겠다고 했다. 들어보니 여러 번 지적받았던 상황에 대해 또 실수하는 바람에 원장님이 크게 나무라신 것이었다. 나는 원장님이 여러 번 지적했음에도 노력하지 않은 후배의 편을 들어줄 수 없었다. 엄연히 후배의 잘못이었다. 후배에게 그건 선생님의 잘못이라며 원장님을 미워할 일이 아니라고 얘기하며 연습하라고 말했다. 후배는 누구든 자신에게 뭐라고 하면 항상 입이 삐죽삐죽 튀어나왔다. 결국 그 후배는 얼마 지나지 않아 퇴사하겠다고 했다.

 반면, 같은 상황에서 다르게 반응하는 후배가 있다. 피드백이나 조언을 하면 항상 감사하다고 말하며 고치려고 노력하는 후배. 때로는 먼저 물어보기도 하고 알려주면 미소를 머금으면서 고개를 끄덕이며 경청하니 예쁘게 보일 수밖에! 다른 직원들도 이 후배에게는 무엇이든 하나라도 더 알려 주고 싶어 했고, 알려주면 그걸 잘 접목해서 더 발전된 모습을 보였다. 결국

이 후배는 앞에서 언급한 후배가 퇴사할 시점에 팀장으로 승진해 진료실을 이끌었다.

피드백은 선배가 자신이 알고 있는 것과 경험한 것을 후배에게 알려주는 것으로 어디에서도 들을 수 없는 귀한 이야기이다. 그런데 이 피드백은 받는 사람의 마음가짐에 따라 '받아들이는 사람'과 '받아들이지 않는 사람'으로 나뉜다. 자신에게 부족한 부분이고 필요하다는 것을 아는 사람이면 이 피드백을 제대로 받아들일 것이고, 부족하다는 것을 알지 못하고 '내가 뭘 잘못했는데, 왜 나한테만 그래!'라는 마음으로 피드백을 듣는 사람이면 그저 불필요한 잔소리처럼 들려 그것을 완전히 흡수하지 못할 것이다. 누군가가 나에게 피드백을 하면 먼저 마음의 문을 열어야 한다. 내게 부족한 부분이 무엇인지 인지하고 받아들일 준비가 되었을 때 비로소 마음의 공간이 생긴다.

또 피드백을 받을 때는 그 사람을 신뢰하는 마음이 있어야 한다. 그 사람에 대한 신뢰가 없다면 아무리 옳은 소리라고 하더라도 헛소리처럼 들릴 것이다. 이때에도 내가 단순히 이 사람을 개인적인 감정으로 신뢰하지 못하고 있는 건 아닌지 생각해볼 필요가 있다. 혹여나 선배인데 자기보다 부족하다고 생각하여 그 사람을 신뢰할 수 없다는 오만한 생각을 가지고 있다면 그 생각은 버려야한다.

간혹 피드백하는 사람이 상황의 내막을 잘 모르고 얘기하는 때도 있다. 그렇게 되면 피드백을 들은 사람의 입장에서는 나의 노력을 알아주지 못하는 그 사람이 야속하게 느껴진다. 하지만 이미 뜨거워져 있는 상황에서 나의 입장을 말해봐야 자칫 변명처럼 들릴 수 있으므로 그럴 때는 잠시 한발

뒤로 물러났다가 상대방과 나의 감정이 누그러진 후에 말하도록 하자. 피드백을 받고 나서 나의 부족한 부분에 대해 충분히 생각해 본 뒤 그래도 말해야 하는 것이 있다면 그때 조심스레 얘기하는 것이다.

예를 들면, "어제 피드백 해주셔서 감사합니다. 제가 이런 부분에서는 부족했던 것 같습니다. 그런데 제가 그전에 이런 노력을 했었는데 이런 피드백을 받으니 조금 속상했습니다. 앞으로 저는 이렇게 해보려고 하는데 선배님께서 조금만 도와주실 수 있을까요?"라고 말이다. 이 말을 듣고도 안 도와줄 선배는 없을 것이다. 말 한마디로 천 냥 빚을 갚는다.

어찌 됐든 선배나 직장 동료는 함께 잘 지내자는 뜻으로 한 말일 것이다. 그런데 "저 안 그런데요?", "OO하고 있었는데요?"라며 자기를 방어하기 위해 공격적인 말을 내뱉게 되면 상대도 다치지만 나 또한 다치게 된다. 그리고 마음을 다친 채로 놔두면 이처럼 사소한 것들이 쌓여 결국 나 자신을 힘들게 하고, 자존감도 떨어지게 만든다. 결국 힘들어진 나는 이직을 생각하거나 직종 변경까지 고려하게 되는 지경에 이를 수 있다. 이직을 하면 상황은 나아질까? 그렇지 않다. 그곳에서도 또 다른 문제에 봉착하게 될 수 있다. 그러니 피드백을 받아들이고 수정, 보완해야 한다.

피드백하는 사람도 정말 중요하다. 매번 나무라기만 한다면 잘되길 바라는 마음에서 하는 피드백이 상대에게 와 닿지 않을 수 있다. ≪데일 카네기의 인간관계론≫에 '칭찬 후 꾸중하라.'라는 말이 있다. 대부분의 인간은 칭찬받은 뒤라면 약간의 잔소리를 들어도 그다지 기분 나빠하지 않는다는 것이다. 꾸중만 해서는 절대로 그 사람의 마음을 얻을 수 없다. 그리고 그 안에는 상대가 진심으로 잘되길 바라는 마음이 담겨있어야 한다. 피드백을 받는 사람과 마찬가지로 내가 그를 싫어하는 마음이 있다면 그 마음이 피드백에 고스란히 전달된다. 피드백은 감정에 의한 것이 아닌 마음을 비우고 객관적 사실을 바탕으로 이뤄져야 한다.

그렇다면 객관적인 사실은 어떻게 파악할 수 있을까? 우선 관찰을 해야 한다. 한 사람이 한 말만 듣고 해석해서는 안 된다. 당시 상황이 어떠했는지에 따라서도 달라질 수 있다. 그 상황에서는 그렇게밖에 할 수 없었을 수도 있다. 그런 경우엔 피드백의 내용이 달라져야 한다. 또, 피드백을 받는 사람의 성향에 따라서도 달라진다. 어떤 말을 해도 잘 받아들이는 사람이 있지만 상처받고 크게 확대해석하는 사람도 있다. 그리고 사람에 따라 단어선택이나 말투, 말하는 방식, 말하는 내용과 어디까지 얘기할 것인지도 달라진다.

한편 피드백을 하다 보면 처음 알려주는 것도 아닌데 계속 실수할 때도 있다. 누구나 다 피드백을 받는다고 한 번에 좋아지지 않는다. 비가 내리고 땅이 굳고 또 비가 내리고 땅이 굳어가는 과정을 거쳐야 비로소 단단해질 수 있다. 그럴 때는 다른 방법으로 알려줄 수는 없는지 고민해보는 것도 좋다. 각자마다 받아들이는 포인트가 다르기 때문이다.

피드백하기 전에는 상대의 마음을 먼저 물어봐 주어야 한다. 상대의 감정을 들어주는 것이다. 나는 한때 상대의 감정을 들어주는 것을 피드백해주기 위한 수단으로 썼다. 그러니 누구도 내게 피드백을 받고 싶지 않았을 것이다. '왜 그렇게 생각했어요?'라고 물은 후 '그런데 그건….'이라며 항상 그 감정을 틀렸다고 얘기해왔기 때문이다. 감정에 틀린 것은 없는데 말이다. 상대가 어떤 감정을 얘기하든 그것을 인정해야 한다. 그러고 나서 내가 먼저 말을 꺼내기보다는 상대가 합리적인 방향으로 생각을 정리할 수 있도록 질문을 통해 이끌어줘야 한다.

코치님들은 내게 질문을 참 많이 하셨다. 사실 자존감이 낮아져 있을 때는 그 질문도 혼나는 것처럼 느껴졌지만, 질문을 듣고 생각할수록 머릿속은 합리적인 방향으로 정리됐다. 내가 자존감이 낮아지는 방향으로 얘기를 하면 자존감의 구덩이 속에서 나를 꺼내주는 질문도 해주셨다.

나는 코치님들의 피드백을 받으면서 피드백을 받는 사람도, 피드백을 하는 사람도 중요하다는 것을 알았다. 피드백은 받는 사람과 하는 사람의 마음이 모두 상대를 향해있어야 한다. 즉 상대가 잘 됐으면 하는 진심 어린 마음과 피드백을 감사히 받아들일 수 있는 마음이 있어야 한다. 피드백은 단순히 그 상황에 관해 얘기하는 것을 넘어서 상대의 삶에 작은 점 하나를 찍어주는 것과 같다는 것을 잊지 말아야 한다.

# 4
## 꼬여버린 직급과 경력, 어떻게 해결하지?

　유튜브〈세상을 바꾸는 다온TV〉의 '따뜻한 조언' 코너에 어느 병원 실장님이 사연을 보내셨다. 자신보다 경력이 많은 선생님이 입사했는데 팀원들에게 이렇게 해라 저렇게 해라 지시를 한다는 것이었다. 심지어는 실장인 자신에게까지 왜 이렇게 하느냐며 지적을 하니 자신이 실장으로서 역할을 못 하는 것 같고, 선생님과의 갈등까지 생기고 있어 고민이라는 내용이었다.

　병원에서 4~5년 정도 일을 하다 보면 나보다 나이나 경력이 많은 사람을 후배로 만나게 되거나, 반대로 나보다 나이나 경력이 적은 사람을 중간관리자로 만나게 될 때가 있다. 결혼이나 육아, 휴직 등 여러 이유로 경력이 단절됐다가 재입사를 하는 경우, 경력 단절은 아니지만 이직하게 되는 경우가 그러하다. 그리고 위 사연처럼 경력이나 연차가 꼬였을 때 서로 존중하고 배려하지 않으면 갈등이 생길 수가 있다.

　내가 일했던 병원에는 나와 동기 그리고 2년 차 후배와 10년 차 이상의 파트타임 선생님이 있었다. 우리는 모두 진료실에서 일했었는데, 원장님께 꽤 귀여움을 받던 2년 차 K선생님이 10년 차 파트타임 P선생님에게 이건 이렇게 하는 거고, 저건 저렇게 하는 거라며 알려주기 시작했다. P선생님도 처음에는 병원의 루틴과 원장님의 진료 스타일을 알려주는 것이니 열심히 듣고 배우려고 했다. 그런데 어느 순간부터 별거 아닌 일도 하나하나 지적하고, K선생님 자신의 업무도 조금씩 넘기는 것이 아닌가? P선생님은 점점 K선생님에게 불만이 생기기 시작했다. K선생님은 파트타임으로 온 것이니 알려주는 건 당연한 거고, 업무를 시켜도 된다고 생각했던 것 같다. 그렇게 두 사람은 서로의 생각이 달라 갈등을 빚었고, 결국 P선생님은 K선생님에게 "어린 게 어디서 선배에게 막돼먹은 짓을 해? 그러면 안 되는 거야!"라고 큰소리로 화를 낸 뒤 퇴사했다.

동료 간에 존중과 배려가 중요하다는 것은 모두가 알고 있을 것이다. 특히 위 상황들처럼 나이나 경력에 차이가 있는 경우에는 더욱 그렇다. 〈따뜻한 조언〉을 촬영할 때 대표님은 "하루라도 더 산 선배의 연륜과 경험은 무시할 수 없다."라고 말씀하셨었다. 나보다 나이나 경력이 많은데 낮은 직책으로 들어오는 경우 직책은 낮더라도 선배로서 존중하고 배려하며 일해야 한다. 선배에게 직책의 역할을 넘기라는 것이 아니다. 내가 직책이 더 높다고 하더라도 무시하지는 말라는 것이다.

내가 팀장으로 일했던 P치과에서 나보다 경력은 많지만 진료실 직원으로 입사한 선생님을 만났었다. 실장도 없고, 선배도 없었던 상황에 경력이 많은 선생님은 한 줄기 빛 같았다. 내가 잘 알지 못하는 부분은 여쭤보고, 서로 의논하며 상황을 해결하기도 했다. 선생님도 자신보다 경력이 낮은 팀장인 나를 존중해주며 많이 도와주셨다. 그 선생님과는 지금까지도 연락하며 지내고 있는데, 지금까지도 인생 선배이자 병원 선배로 많은 조언을 해주고 계신다. 문득 대표님이 해주신 말이 생각난다.

"경력은 많지만 나보다 낮은 직급인 경우에 선배와 갈등을 없애는 방법 중 하나는 선배가 먼저 얘기할 수 있는 상황을 만들고 배우는 거예요. 좋은 질문들을 통해 얘기할 수 있게 하면 배울 기회도 생기고 좋은 관계도 유지할 수 있어요."

어떤 병원에서는 갈등상황이 우려되어 자신보다 나이, 경력이 많은 사람은 처음부터 채용하지 않는 곳도 있다. 하지만 관점을 바꿔서 갈등상황이 아닌 오히려 경력자의 경험과 노하우를 배울 기회라고 생각해보면 어떨까? 선배에게 도움을 받을 기회라 생각하고 서로 부족한 부분을 채운다면 오히려 서로 성장하는 매개체가 될 수 있을 것이다.

물론, 갈등상황이 생기지 않으려면 나이나 경력이 많은 선배도 직책이 높은 후배를 존중해줄 수 있어야 한다. "이건 이렇게 해야지.", "나는 그동안 이렇게 해왔는데 왜 여기는 이렇게 하니? 내가 알려 줄 테니 해봐."와 같이 지적을 하거나 마치 내가 아는 것이 전부인 것마냥 무시하는 말은 후배의 기분을 상하게 할 수 있다. 또 병원에 대한 예의도 아니다. 이전 병원에서 어떻게 근무를 했든, 병원을 옮겼다면 그 병원의 룰을 지켜주어야 한다. 만약 그 룰이 잘못되었더라도 이유를 먼저 확인하고 함께 더 좋은 방법을 찾아 나갈 수 있도록 해야 한다.

또, 후배가 먼저 도움을 청할 때는 후배의 생각도 존중해주며 후배가 참고하고 결정할 수 있도록 조언을 해줘야 한다. 후배가 묻지 않더라도 선배의 연륜과 경험으로 예측 가능한 문제가 발생할 것 같은 경우에도 얘기해줄 수 있어야 한다. 나와 함께 일했던 선배는 그런 상황에서 발생할 수 있는 문제와 함께 자신이 해결했던 방법을 얘기해주며 나와 함께 방법을 고민해줬다. 지적하지 않고 여러 사례를 들어 스스로 생각해볼 수 있도록 이끌어준 현명한 분이셨다.

여자가 많은 비율을 차지하는 병원이라는 집단에서는 대부분 결혼, 출산, 육아로 경력이 단절되는 경우가 많다. 이들이 일터로 다시 돌아왔을 때 갈등이 생기지 않고 서로 시너지 효과를 내려면 병원에서 일하는 사람들과 경력이 단절됐던 사람들 모두 서로 배려하는 것이 중요하다는 사실을 잊지 말아야 할 것이다.

# 5
## 퇴사 잘하는 방법 좀 알려 주세요

나는 지금까지 총 3번의 퇴사를 경험했다. 첫 직장이었던 병원은 내 고향인 전라도에서 학업과 병행하며 1년을 다녔다. 그러다 졸업과 동시에 나의 꿈인 서울로 이직을 하기로 마음먹은 뒤 원장님께 말씀드렸고, 원장님의 추천서와 선생님들의 응원을 받으며 퇴사했다.

두 번째 직장은 개원병원이었다. 2년 반 정도 일했는데 원장님들이 너무 잘 챙겨주셔서 정말 즐겁게 일했다. 나 또한 개원병원을 내 손으로 직접 하나하나 만들어가고 싶은 마음에 애정을 갖고 정말 열심히 했다.

그런데 그게 문제였다. 너무 열심히 하려고 하다 보니 내 병원이 아닌데 마치 내 병원인 것처럼 행동했다. 엄연히 오너가 있는데 오너에게 의견을 묻지 않고 병원의 방향성도 확인하지 않은 채 그저 내가 이렇게 했으면 좋겠다고 생각한 것이나 세미나를 듣고 좋다고 얘기하는 것을 선택했고, 행동했다. 그러니 원장님 눈에 좋게 보이지 않을 수밖에! 하지만 나는 나대로 열심히 했는데 알아주지 않으시니 서운한 마음이 들었다.

그 당시에는 병원의 무언가를 만들어 가는데 좋은 게 좋은 거라는 생각만 가지고 있었을뿐, 원장님과 상의하고 조율하는 방법을 몰랐다. 원장님이 그게 아니라고 얘기를 하면 뭐가 부족한지 서로 대화를 통해 개선해갔으면 좋았을 텐데 그러지 못했다. 그저 원장님이 아니라고 말씀하시니 '아, 아니구나, 하면 안 되겠다.'라고 생각하고 손을 놓았다. 나는 그렇게 말하지 않고 혼자서 조금씩 마음을 내려놓았다. 조금씩 내려놓았던 마음이 모이니 어느 순간 이직을 하고 싶은 마음으로 변해있었다. 아무것도 할 수 없는 병원에 굳이 있을 이유가 없었다. 하지만 이직을 결심하고 원장님께 퇴사를 말씀드릴 때는 이 마음을 솔직하게 말씀드리지 못했다. 그냥 새로운 것이 하고 싶다고 말했다.

세 번째 병원에서도 마찬가지였다. 그때는 '조율'이라는 것을 조금씩 알아가던 때였는데 원장님과는 유난히 조율하는 게 어려웠다. 어느 날 원장님이 갑자기 "신환이 파노라마를 찍지 않으면 진료를 안 보겠다."라고 선언하셨다. 처음에는 너무 당황했다. 방사선 촬영은 환자의 선택인데 촬영하지 않는다고 진료거부를 해도 되는 건가? 여러 가지 생각이 들었다. 나는 원장님께 "원장님. 그러면 먼저 저희가 환자분께 파노라마 방사선 촬영 안내를 해드리고 혹시라도 거절하시면 그때는 원장님께서 환자분 구강 안을 한번 체크하신 뒤에 필요하다고 말씀해주시면 어떠실까요? 원장님께서 직접 보시고 필요하다고 말씀하시면 촬영하실 것 같습니다."라고 말씀드렸다.

하지만 원장님은 자신의 의견을 굽히지 않았다. 이외에도 원장님과 조율되지 않는 상황이 반복되면서 나는 또, 조금씩 마음을 내려놓기 시작했다.

'아 어떤 말을 해도 안 되는구나.' 결국 나는 퇴사를 결심했다.

나는 병원 내부에 어떤 문제점이 있을 때 함께 의논해야 한다고 생각한다. 물론 오너의 입장에서 함께 상의할 것이 있고 아닌 것이 있을 것이다. 하지만 최소한 환자에 대한 것은 실제 진료실에서 근무하는 현장의 소리도 들어야 한다고 생각한다. 병원을 위해 여러 가지 생각들을 말했지만 그것이 받아들여지지 않을 때 나를 신뢰하지 않는다는 느낌이 나를 가장 힘들게 했다. 하지만 나는 퇴사를 결심하게 된 이유를 말씀드리면서도 차마 이 얘기는 솔직하게 하지 못했다.

하루는 직원이 출근하자마자 나를 찾았다.

"팀장님, 저 드릴 말씀이 있어요."

안 좋은 예감은 틀리지 않았다. 그 직원은 퇴사하고 싶다고 말했다. 근래 지쳐 보이긴 했었는데 평소에 힘든 내색 없이 묵묵히 일했던지라 조금 당황스러웠다. 이유를 들어보니 교육일지를 쓰는 것도 힘들고 다른 병원 친구들은 스케일링도 하고 여러 가지 업무를 하는데 자신은 하는 것이 없어서 뒤처진 느낌이라는 것이다. 그래서 만약 교육일지를 안 쓰고 스케일링 업무를 맡기면 계속 일할 생각이 있냐고 물었더니 그래도 퇴사를 하겠다고 했다.

나는 너무 답답한 마음에 코치님께 말씀드렸고, 코치님이 직접 직원과 면담을 했다. 면담을 한 다음 날, 직원은 굉장히 밝은 표정으로 출근해서 그전보다 더 열심히, 즐겁게 일하는 것이 아닌가? 도대체 어떤 얘기를 나누었기에 그렇게 바뀔 수 있었는지 너무 궁금했지만 묻지 못했다. 그렇게 이 일은 잊혀 가고 있었다.

어느 날 〈따뜻한 조언〉 유튜브 콘텐츠를 촬영할 때 '퇴사한 병원, 다시 가도 될까요?'라는 사연이 들어와 한참 대화를 나누는데 과연 '좋은 퇴사라는 게 있을까?'라는 의문이 들었다. 그래서 대표님께 "좋은 퇴사가 있나요?"라고 여쭤봤더니 대표님이 생각하는 좋은 퇴사란 '다시 그 병원에 복귀할 수 있는 여지가 있는 퇴사'라고 말씀해주셨다. 나는 다시 그동안 수많은 병원을 컨설팅하면서 수많은 직원을 만나보셨을 텐데 인상 깊었던 퇴사자가 있었는지 여쭤봤다.

R병원의 L퇴사자는 자신이 퇴사하기 전에 병원에서 관찰한 상황과 발생한 문제점, 원장님께 얘기했지만 조율되지 않았던 부분들, 개선했던 부분들에 대한 기록을 모두 USB에 담아 원장님께 드리며 자신이 이 곳을 떠나더라도 병원을 위해서 꼭 개선했으면 좋겠다고 말했다고 한다. 당시 원장님은 이 USB를 받으며 건방진 직원이라고 생각했지만 대표님은 원장님께서 보지 못한 문제점을 발견한 것, 그리고 자신이 개선하고자 노력했던 흔적들, 개선한 것들을 높게 평가했고, 원장님을 설득해 이 선생님을 다시 스카우트했다고 한다.

난 이 사례를 들으면서 세 번째 병원에서 퇴사했을 때가 생각났다. 그 상황에서 조율이 되지 않았다고 할지라도 내가 병원을 더 생각했더라면 병원을 위해서 내가 그동안 기록해 왔던 것, 발견한 문제점을 꼭 얘기했었어야 했는데 그러지 못했던 게 아쉬웠다.

또, 그 당시 그만두겠다고 얘기했던 직원이 퇴사하고 싶다고 했을 때 조금 더 직원의 생각을 들어보고 퇴사를 한다고 하더라도 이 병원에서 얻어갈 수 있는 무언가를 스스로 생각해볼 수 있는 좋은 질문을 했더라면 어땠을까 하는 생각이 들었다.

퇴사를 잘하는 방법은 멀리 있지 않다. 비록 여러 가지 이유와 사정으로 그만두게 된다고 하더라도 병원에 있는 그 순간만큼은 최선을 다하는 것, 그래서 나중에 다시 돌아갈 수도 있는 여지를 주는 것이 필요하다. 그리고 퇴사하는 이유에 대해서도 다시금 생각해볼 필요가 있다. 내가 추구하는 가치와 병원이 가고자 하는 방향이 다른 건지, 노력해도 개선되지 않을 문제인지 고민해 봐야 한다. '더 좋은 병원을 찾아가겠다.', '나랑 맞는 병원을 찾아가겠다.'라고 하지만 그 어디에도 나에게 딱 맞는 병원은 없다. 함께 의논하며 만들고 같이 성장하는 병원만이 있을 뿐이다.

그러기 위해서는 병원의 문제점 개선에 적극적인 참여가 필요하다. 그저 이건 이래서 별로고, 저건 저래서 별로라는 말만 늘어놓는 건 전혀 도움이 되지 않는다. 어떻게 하면 해결할 수 있을지 의견을 제시하고, 함께 얘기를 나누며 상의하고 조율해가는 과정에서 원장님과 라포가 형성되고 신뢰도 쌓이게 된다. 혹시라도 내 의견이 받아들여지지 않았다고 실망하지 말자. 문제점을 발견하고 해결하기 위해 노력한 그 경험과 노하우들이 결국 나를 성장시키는 밑거름이 될 것이다.

# 6
# 칭찬은 조직의 성과도 춤추게 한다

　A병원에 팀장으로 입사한 지 얼마 되지 않아 한창 적응하느라 정신이 없던 때였다. 그 당시 진료실에는 곧 퇴사를 앞둔 부팀장과 일 센스도 있으면서 똑부러지고 손도 빨라서 원장님의 귀여움을 받았던 2년 차 후배, 입사한 지 얼마 안 된 1년 차 후배들이 있었다. 부팀장이 퇴사하고 진료실 체계를 가장 잘 알고 있었던 2년 차 후배가 무전으로 1년 차 후배에게 심각하게 무언가를 물어봤다. 내가 1년 차 후배에게 지시했던 사항이라 대신 대답을 했다. 그러자 2년 차 후배가 '아니, 그거 말고.'라고 말하는 것이 아닌가. 1년 차 후배가 말하는 줄 알고 그렇게 대답한 것인지, 무전이 중간에 잘려서 반말을 하는 것처럼 들렸던 것인지 모르겠으나 그 말을 듣고 순간 황당함에 아무 말도 하지 못했다.

　이후 그 사건에 대해 후배에게 묻지 않았다. 그 당시 나는 누군가에게 물어보지 않고 혼자 감정을 정리하는 것에 익숙했다. 그렇다고 해서 좋은 쪽으로 감정을 정리하는 것도 아니었다. '어떻게 나한테 저런 말을 하지? 버릇

없네.'라는 생각으로 굳어지기 시작하면서 그 후배의 언행이 모두 탐탁치 않았고, 이런 마음이 쌓이다 보니 후배가 나를 무시하는 것처럼 느껴졌다. 아마도 내가 가진 자격지심 때문에 더 그런 마음이 들었던 것 같다. 잘하고 싶은데 마음처럼 되지도 않고, 내가 부족하다는 것과 후배가 잘하는 것을 인정하고 싶지 않아서 더 힘들었다.

그때 코치님은 내게 "모든 것을 잘할 수는 없어요. 상대가 잘하는 것은 충분히 인정해주고 내가 잘하는 부분에 집중하면 돼요."라고 말해주셨다. 그 말을 들었을 때 나는 상황 탓을 했다. 그때는 그런 상황이었고, 이때는 이런 상황이었기 때문에 못 한 것뿐이라고 스스로 변명했다. 조금만 더 하면 잘할 수 있다며 나를 응원했다.

하지만 그건 응원이 아니었다. 긍정의 외침도 아니었다. 그저 내가 부족하다는 것을 인정하고 싶어 하지 않는 나의 자존심이었다. 거기다 후배가 나보다 더 잘한다고 하니 더더욱 자존심이 상했고, 결국 후배와는 일하는데 필요한 대화만 주고받게 되면서 우리 사이에는 어색한 기운만 감돌았다.

그러는 중에도 나는 계속해서 코치님의 말을 곱씹고, 다른 선배들의 조언을 듣거나 여러 책을 읽으면서 답을 찾으려고 노력했다. 그렇게 몇 달이 지나고 그제야 마음속 깊은 곳에 있는 내 부족함을 마주 볼 수 있는 용기가 생겼다. 그동안은 괜한 자존심을 내세우며 상황 탓만 했지만 사실은 나도 잘 알고 있었다. 모든 것이 내 자격지심 때문이었다는 것을. 그 사실을 인정하니 마음이 편안해졌다. 그리고 더 열심히 해야겠다는 원동력이 되었다.

《데일 카네기의 인간관계론》에서는 사람을 다루는 기본방법 중 하나로 "솔직하게, 진심으로 타인을 인정하고 칭찬하라."라는 말과 함께 제철의 최고 권위자였던 슈왑의 말을 인용했다.

"상사로부터 질책을 당하는 것만큼 인간의 향상심을 해치는 것이 없다. 사람들에게 그들 최고의 가능성을 계발할 수 있는 최고의 동기는 격려와 칭찬이다."

나는 이 구절을 보면서 그 후배와 함께 일하고 있음에 감사하고 든든한 마음이 들었다. 또 나보다 잘하는 부분을 진심으로 인정하고 칭찬하면 이 후배는 더 즐거운 한편 책임감을 느끼고 성과를 낼 것이라 생각했다.

평소 일에 관한 얘기 외엔 특별히 얘기를 나눠본 적이 없었던 데다가 후배들에게 칭찬이 인색했던지라 막상 칭찬하려니 부끄럽고 용기가 나지 않았다. 후배는 종종 내가 생각지도 못한 부분을 잘 캐치하고 얘기를 했는데 이 때다 싶어 "생각지도 못한 부분이었는데 선생님은 섬세하고 센스가 있어서 놀랄 때가 많아요."라고 진심으로 칭찬을 했다. 나의 칭찬이 낯설었는지 후배는 당황해하는 듯 보였지만, 이후 자기 생각을 더 자신 있게 얘기했다.

자신이 잘 아는 분야인 데다 워낙 관찰력이 뛰어난 친구라 생각도 깊었다. 그렇게 후배의 의견을 존중하며 서로 대화를 나누다 보니 좋은 아이디어들이 나오기 시작했다. 작은 칭찬이라도 계속하려고 노력하다 보니 후배가 나에게 미소 짓는 날이 많아지는 것을 느꼈고 처음엔 어려웠던 칭찬이 점점 자연스러워졌다.

그렇게 나의 부족함을 받아들이면서 다른 사람들의 능력을 인정하고 칭찬하니 나 또한 성장하게 됨을 느꼈다. 이후 다른 병원에서 근무하는데 예전의 내 모습을 보이는 직원을 보게 되었다. 선배가 업무를 지시했는데 실수를 하자 그 직원은 "상황이 그랬어요, 어쩔 수 없었어요."라며 상황 탓을 하는 것이 아닌가? 그런 일들이 여러 번 반복되던 어느 날 그 직원이 환자 응대를 잘해서 환자가 만족해하는 것을 보고 직원들이 많은 곳에서 크게 칭찬해주었다. 처음에는 칭찬에 부끄러워했지만 점차 그 분야에 대해 흥미를 보이면서 더 잘하려고 노력했다. 그렇게 노력하니 실력이 늘고 칭찬받는 일들이 많아지면서 상황 탓이나 남 탓도 서서히 줄었다.

칭찬의 힘은 우리가 생각하는 것보다 위대하고 크다. 자신이 잘하는 분야를 찾을 수 있게 도와주고 그것을 계속해낼 수 있는 힘과 용기도 불어 넣어준다. 그리고 그 힘이 모이면 자연스럽게 병원 내 긍정적이고 밝은 조직문화가 형성된다. 이미 벌어진 일에 대해 꾸짖는다고 해서 달라지는 건 없다. 이미 상대도 자신의 잘못을 잘 알고 있다. 화를 내면 오히려 주눅 들거나 반발심만 들 뿐이다.

어떤 상황에서든 상대의 강점을 찾으려 노력하고 진심을 다해 인정해주자. 서로가 잘하는 부분은 더욱 잘할 수 있도록 하고 부족한 부분은 채워주며 최고의 팀을 만들어가는 첫 번째 방법은 칭찬이라는 것을 잊지 말자.

# 7
# 2000년생이 온다! 요즘 세대와 함께 일하는 법

2018년 말, ≪90년생이 온다≫라는 책이 베스트셀러에 올랐다. 이 책은 기성세대인 작가가 1990년대 출생인 신입 사원들과 소비자들을 마주하며 받았던 충격의 경험들을 바탕으로 이들을 관찰한 내용이 담겨있다. 80년대 이전의 세대가 소위 '삶의 목적'을 추구했다면, 90년대생은 무엇보다 '삶의 유희'를 추구한다. 이들은 일을 좋아하고 즐기지만, 결코 자신을 희생하면서까지 회사에 충성하려 하지는 않는다고 한다.

나 또한 90년대생이다. 하지만 낮은 연차에 중간관리직을 맡기도 했고, 또래보다는 선배님들과 일하는 환경에 주로 있었다 보니 공감되지 않는 부분도 있었다.

내가 A병원에서 일하기 전 일했던 2곳의 병원 모두 자신의 진료가 끝나면 다른 사람의 진료를 백업해주거나, 원장님의 세컨드 어시스트를 서야 했다. 환자가 없을 때도 원장님의 눈치를 보며 비품을 채우거나 진료실 정리를 했다. 선배들도 뭐라도 해야 한다며 부지런히 움직였고, 그런 환경과 분위기

속에서 나도 자연스럽게 할 일을 찾아서 했다. 월급을 받고 일하는 것이니 업무시간에 환자가 없다고 쉬는 게 아니라 다른 업무를 찾아서 하는 것은 당연했다.

그 후 A병원에 입사를 했는데 후배들이 자신의 할 일이 다 끝나면 스텝실로 가서 핸드폰 게임을 하는 걸 보고 깜짝 놀랐다. 처음에는 A병원만 유독 그런 줄 알았다. 그런데 〈따뜻한 조언〉을 촬영하면서 청소를 하는데 자기 할 일 다 했다며 들어가서 앉아있는 후배, 자기 진료가 끝났다며 쉬는 후배 등 비슷한 사례들을 보며 꽤 많은 곳에서 일어나는 일이라는 것을 알았다.

나는 이런 후배들을 이해할 수 없었다. 그렇게 일해 왔고, 그게 맞다고 생각했다. 하지만 대표님은 이 사례를 보며 자신의 할 일을 다 끝냈는데 쉬는 건 문제가 아니라고 하셨다. 다만 그 전에 각자의 할 일에 대한 범위가 정확하게 정해져 있어야 한다고 하셨다. 즉 다같이 청소를 할 때도 구역과 청소 범위를 정한 뒤에 실행해야 한다고. 이렇게 공평하게 업무를 나누면 자기 할 일을 마치고 쉬는 것에 대해서 서운하게 생각할 일이 아니라는 것이다.

업무가 나뉘어 있지 않은 상태에서 자기 할 일을 다 하고 쉬는 직원에게 일을 안 한다고 나무라면 그건 꼰대가 되는 것이다. 쉬는 직원에게 다른 사람의 일을 돕게 하려면 도움을 요청하면 된다. 진료 중 세컨 어시스트가 필요한 상황이라 자기 일이 끝나고 세컨 어시스트를 서게 하려면 이때도 '자기 일이 끝나면 단짝 선생님 도와주기'처럼 룰을 정해두면 된다. 룰과 기준이 없는 상태에서 그저 할 일을 다 해 쉬었을 뿐인데 안하무인이라거나 다른 사람을 배려하지 않는 사람으로 몰고 가는 것은 옳지 않다.

〈따뜻한 조언〉의 사연 중 인상 깊었던 또 다른 사례가 있다. 자신이 막내였을 때는 월마다 휴무를 정할 때 선배들이 좋은 날짜에 쉬고 막내인 자신은 남아있는 날짜에만 쉬어야 하는 것이 싫었다고 한다. 그래서 선배가 되면 후배들 먼저 원하는 날짜에 쓰도록 해야겠다고 마음먹었는데 막상 선배가 되어보니 자신이 말하지 않아도 휴무를 먼저 정하는 후배들을 보고 선배를 배려하는 것 같지 않아 서운한 마음이 들었다고 한다. 다른 일을 할 때도 칼같이 퇴근 시간을 지키고, 쉬는 시간을 보장받고 싶어 하는 후배들을 보며 요즘 선생님들이 잘못된 건 아니지만 약간의 희생도 하기 싫어해 너무 정이 없는 것 같다는 사연이었다.

나는 이 사례를 보면서 선배의 서운한 마음에 공감이 되면서도 순번을 정해 돌아가며 휴무를 정하는 룰을 만들면 좋겠다고 생각했다. 이제는 90년대생, 2000년대생들에게 '어쩜 이럴 수 있나.'라고 생각하기보다는 이 세대의 특징을 알고 적응해야 한다.

어떤 세대보다 자율적이고 주체적인 성향을 지닌 90년대생, 2000년대생이 즐겁게 일할 수 있는 병원을 만들기 위해서는 어느 정도의 가이드라인을 제시해줄 필요가 있다. 물론 이때 자신의 의견을 적극적으로 얘기하는 이들이 스스로 목소리를 내어 가이드라인을 만들 수 있어야 한다. 그리고 가이드라인을 무조건 지키라고 하기보다는 그 안에서 자유롭게 생각하고 행동할 수 있도록 해야 한다. 또, 병원에 대한 무조건적인 충성심을 강요하기보다는 자신의 삶을 더욱 중요시하는 이들에게 병원에서 삶의 의미와 보람을 찾을 수 있도록 도와줘야 한다.

내가 〈슬기로운 병원생활백서〉 강의를 진행하며 선생님들에게 가장 먼저 묻는 것이 '어떤 병원종사자가 되고 싶은가?', '무엇을 할 때 가장 행복한가?'이다. 그 어떤 사소한 것도 좋다. 맛있는 것을 먹을 때, 좋은 음악을 들을 때, 바다를 바라보며 달콤한 커피를 마실 때 등 자신이 가장 행복한 시간을 맘껏 보내기 위해서, 그리고 내가 바라는 병원종사자의 모습이 되기 위해서 어떤 마음가짐으로 임해야 하는지 스스로 생각해볼 수 있도록 한다. 대부분의 시간을 보내는 병원에서 행복하지 않다면, 즐겁지 않다면 그 화살은 그대로 환자에게 가게 된다. 그리고 다시 내게 돌아와 가슴에 박힌다. 중요한 것은 병원 안에서의 내가 얼마나 행복한가이다. 그래야 슬기롭게 병원생활을 할 수 있는 것이다.

이 책을 읽고 있는 당신은 무엇을 할 때 가장 행복한가? 어떤 모습의 병원종사자가 되고 싶은가? 또 그런 삶을 살려면 병원에서의 시간을 어떤 마음가짐을 가지고 행동해야 할까? 질문에 답을 하다 보면 어떻게 일을 해야 할지 찾을 수 있을 것이다.

아이가 엄마와 유아기를 어떻게 보내는지에 따라 아이의 성격에 영향을 미치는 것처럼, 저연차일수록 선배가 이끌어주는 것이 중요하다. 선생님들과 함께 병원생활을 하면서 세심하게 관찰해보자. 무엇을 할 때 즐거워하는지, 무엇을 필요로 하는지. 캐치했다면 작은 것이라도 칭찬하고 보람을 느끼도록 해주자.

그 과정을 통해 스스로 무엇을 잘하는지, 언제 즐거운지를 알고 자신의 일과 삶에 주인의식이 생긴다면, 그들은 각자에게 가치 있는 시간을 만들기 위해 적극적이고 주체적으로 의견을 얘기할 것이다. 병원은 그들의 이야기를 열린 마음으로 들으면서 좋은 의견은 받아들이고 함께 실행해 나가면 된다.

세대 전환을 두려워하지 말자. 창의적인 생각을 하는 이들의 의견을 적극적으로 수용하고 같이 어우러지면서 더 즐거운 병원문화를 만들어나가자.

# 8
# 내 생각을 강요하지 말고 조율하기

    2년 차 때의 일이다. 내가 일했던 곳은 개원병원이었는데 한 달도 되지 않아 실장님이 그만두고 팀장이 실장이 되면서 동기와 나, 둘이서 진료실에서 일하게 됐다. 이제 막 2년 차가 된 동기와 나는 잘하고 싶은 마음에 주말이면 세미나도 들으러 다니고 매뉴얼 책을 보며 공부했다. 그러면서 나름 공부한 내용을 접목하려 시도도 해보고, 혼도 나면서 최대한 원장님과 손발을 맞추려고 노력했다.

    그러다 사회초년생 간호조무사 한 명이 입사하게 됐다는 소식을 들었다. 동기와 나는 후배가 들어온다는 생각에 설레면서도 걱정이 됐다. 한 번도 누구를 가르쳐본 적이 없어서 어떻게 알려줘야 할지 몰랐기 때문이었다. 우리는 머리를 맞대고 고민을 했다. 그리고 매뉴얼 책에서 본 것처럼 진료할 때 필요한 기구들 사진을 찍어서 교육하자고 결론을 내렸다. 다음 날 원장님께 "저희 매뉴얼 만들 거예요."라는 말을 하고, 진료에 필요한 준비물을 나열한 뒤에 열심히 사진을 찍었다. 그렇게 이틀 동안 잠도 자지 않고 매뉴얼을 완성했다. 뿌듯한 마음에 파일에 프린트한 것을 꽂아 가져갔는데 원장님께서 "이렇게 하는 거 아니야!!"하고 화를 내셨다. 밤새 매뉴얼을 만들어 간 우리가 열심히 한 건 생각도 안 해주시고 다짜고짜 뭐라고 하시니 서운한 마음이 들었다.

비슷한 일은 내가 팀장이 된 후에도 있었다. 체어사이드 상담자료가 필요하다고 생각해 내 나름대로 최선을 다해 그것을 만들었다. 이번에도 원장님은 내가 만든 자료를 보시더니 마음에 안 든다고 하셨다. 그 당시 나는 '원장님은 내가 뭐만 하면 다 싫다고 하는 사람, 열심히 해도 뭐라고 하는 사람.'이라고 생각했다.

그 후 A병원에서 일하게 되었을 때 나는 늘 그래왔던 것처럼 필요하다고 생각되는 부분이 있으면 내 나름대로 깊이 생각하고 판단한 후 행동했다. 그런데 그럴 때마다 코치님은 왜 내 맘대로 하느냐고 나무라셨다. 내 선에서는 최선을 다한 것이고, 병원을 위한 일이라고 생각했는데 왜 뭐라고 하시는지 이해할 수 없었다. 지금 생각해보면 그 당시에는 인정받기 위해 뭔가 결과물을 보여줘야 한다는 마음이 있어서 더 그렇게 행동했던 것 같다.

그러던 중 다온에서 '잘나가는 병원에는 잘나가는 인재가 있다'라는 세미나를 듣게 됐는데 세미나 중에 매뉴얼에 대한 얘기를 하시면서 "원장님께서 생각하시는 방향성과 우리 병원이 가고자 하는 방향성을 제대로 알고 갖춰 나가야 한다."라는 말을 했다. 그 순간 깨달았다. '아, 내가 그동안 했던 일들에 '조율'이 빠져있었구나.' 내가 필요하다고 행동했던 것들이 사실은 원장님이 가고자 하는 방향이 아니었을 수도 있다는 생각에 순간 멍해졌다.

'그래서 그 전 원장님과 코치님들이 그렇게 화를 냈었구나.'하고 모든 것이 이해가 가기 시작했다. 매뉴얼을 만들거나 시스템을 구축하거나 하다못해 유니폼을 맞추는 일에도 조율이 필요하다. 그것이 병원의 방향성에 맞는지, 원장님의 주 진료와 컨셉에 맞는지 등을 고려하고 함께 의견을 나누어서 최선의 방향으로 나아갈 수 있도록 하는 '조율' 말이다.

사회생활을 하다 보면 어떤 방식으로든 결론을 내야 하는 상황이 많은데 서로 의견과 이해가 다르기 때문에 조율이 필요한 경우가 생긴다. 이때, 독단과 편견으로 얘기해서는 안 된다. 상대방의 의견을 열린 마음으로 들을 수 있어야 한다. 그리고 열린 마음으로 듣기 위해서는 내가 알고 있는 것이 전부가 아니라는 생각과 태도가 필요하다.

누구나 자신만의 정답을 가지고 있다. 중요한 건 그 생각의 틀을 깨는 것이 어렵다는 것. 나 또한 내 생각의 틀을 깨는 데 어려움이 있었다.

그동안의 행동은 내가 경험한 것이 정답이라는 생각 때문에 조율보다는 상대가 내 의견을 따르도록 설득하는 것에 가까웠다. 사람마다 경험치가 다르고 생각이 다른데 무조건 '내가 맞고 상대가 틀렸다'라고 생각하니 좋은 결과가 안 나올 수밖에! 생각에는 정답이 없다. 내가 생각하는 방법이 최고의 방법이라 할지라도 상황에 따라서는 최악의 방법이 될 수도 있다.

예를 들어 내가 제시한 내용이 일반적으로는 좋은 방법일지 몰라도 우리 병원 내 여건상 다른 방법을 찾는 것이 더 좋을 수 있다. 또, 내가 최고라고 생각하는 방향대로 설득했는데 사람들이 이미 마음에 상처를 받아 따라주지 않는다면 그것 또한 최악의 방법이다.

 조율은 서로의 생각을 조금씩 배려하는 것에서부터 시작된다. 대표님은 "단 5%라도 상대의 마음이 움직였다면 그것은 조율이 된 것이라고 볼 수 있다."라고 말씀하셨다. 관계 속에서 최고의 정답은 그 상황에서 내가 생각하는 최선의 생각과 상대가 생각하는 최선의 생각을 서로 조율하며 얻은 '최선의 방법'으로 그 일을 함께해 나가는 것이다. 다시 말해 그 상황마다 최선의 방법에 최선의 방법이 더해지면 결국 그것이 최고의 정답이 된다.

> ❗ **같이 생각해 봅시다**
>
> 환자를 돌볼 때 가져야할 마음은 무엇일까요? 나의 다짐을 적어봅시다.

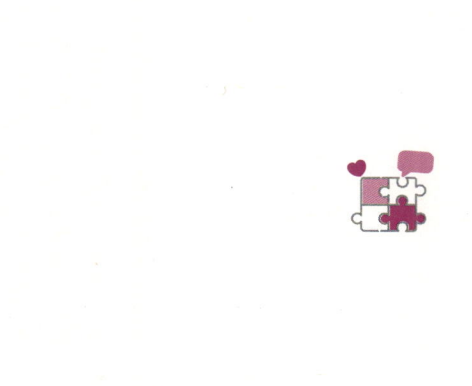

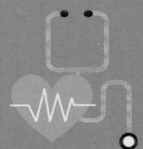

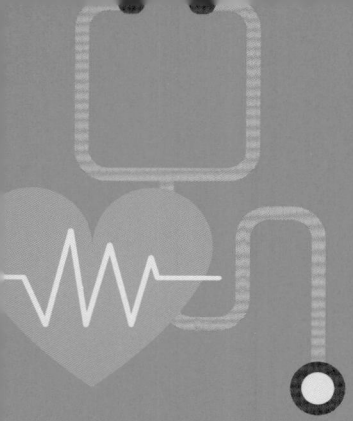

| 4장 |

## PATIENT_
### 병원종사자의 사명, 환자관리

환자를 돌볼 때는 감사와 존중, 공감과 연민의 마음이 필요하다.
그 마음을 가지고 환자를 응대해야하며,
우리병원에 들어와서 나가는 순간까지
불안하거나 불편해하지 않고,
신뢰할 수 있는 병원이라고 느낄 수 있도록 해야 한다.

1부

환자의 마음을 훔쳐라

# 1
## 환자를 대할 때 가져야 하는 마음가짐

내가 2년 차일 때 한 세미나를 들으러 갔었다. 제목은 정확하게 기억이 나지 않지만 병원종사자가 가져야 할 마음가짐에 관해 얘기하는 자리였는데, 가장 기억에 남는 건 "환자는 나에게 월급을 주는 사람이니 잘 해줘야 한다."라는 말이었다. 우리에게 월급을 주는 건 원장님도 아니고 환자가 치료를 받고 내는 돈이니 환자에게 친절해야 한다는 것이다. 열정이 가득했던 나는 고개를 끄덕이며 그 말을 새겨들었다. 이 한마디가 환자를 볼 때의 잘못된 마음가짐을 갖게 할 줄도 모르고 말이다.

그 말을 새겼었던 나는 은연중에 환자를 그저 '돈'으로 보게 됐던 것 같다. 사실 당시 세미나의 주최자는 정말로 환자를 돈으로 보라는 뜻이 아니라 그만큼 환자관리가 중요하다는 것을 강조하고 싶었을 것이다. 그런데 나는 곧이곧대로 이해해버리고 '환자=돈', 즉 환자를 많이 볼수록 돈이 되니 어떡해서든 더 많은 환자를 봐야만 한다는 결론을 내린 것이다. 그래서 진료실을 뛰어다니며 환자를 '쳐내기' 바빴다. 물론 그때그때 진심으로 환자를 대하고 응대하긴 했지만 그 순간은 짧았다. 체어를 빨리 비우고 다음 환자를 모시기에 급급했기 때문에 환자에게 더 관심을 줄 수 없었던지라 '환자를 돌본다'라는 표현보다는 '쳐낸다'라고 표현했다.

상담할 때에도 환자가 지금 얼마나 불편하고 고통스러운지에 대한 것보다는 병원의 매출에 관심을 두고 '이 환자를 꼭 우리 병원에서 치료받게 하겠어!'라는 마음으로 우리 병원을 어필하면서 이곳에서 치료를 받아야 하는 이유만 설명했다. 나름 친절하게 대하려고 최선을 다했으나 환자는 진심이 느껴지지 않으니 원장님이 아무리 치료를 잘한다고 한들 우리 병원에서 치료를 받아야만 하는 이유를 느끼지 못했을 것이다. 하지만 그때는 그저 '내가 상담 스킬이 부족한가보다'라는 생각만 하고 각종 상담 스킬, 가치상담, 환자의 마음에 공감하는 방법 등 각종 상담 세미나를 섭렵했다. 분명 효과가 있긴 했으나 환자가 상담 동의를 해도 뭔가 허전함이 있었다.

'도대체 뭐가 문제지?' 아무리 생각해도 알 수가 없었다. 그러던 중 코치님들과 수많은 대화를 나누고 여러 가지 경험을 하면서 조금씩 알게 되었다. 그 허전함은 환자를 위하는 마음이 없었기 때문이라는 것을.

우리가 환자를 대할 때 가져야 하는 마음은 '감사와 존중', '공감과 연민'이며, 병원종사자의 역할은 환자의 환부를 치료해주고 회복할 수 있도록, 더 나아가 예방하고 관리할 수 있도록 도와주는 것이다. 만약 환자가 없다면 나도 없다. 환자가 있기에 그들을 돌보면서 나의 가치를 실현할 수 있다. 그렇기에 환자는 감사한 존재인 것이다.

감사한 마음이 쉽게 들지 않고 어렵다면 일상과 주변에서 감사함을 찾는 연습을 해보면 어떨까? 감사한 마음은 일상에서 소소하게나마 감사한 것을 찾는 것으로부터 시작된다. 하루에 세 개씩만 감사한 것을 찾아보자. 내 마음에 감사가 충만해지면 누구를 만나든 얼굴에 미소가 지어지고, 환자를 대하는 나의 목소리 톤도 달라진다.

존중은 감사의 짝꿍이다. 감사하지 않으면 존중할 수 없다. 존중은 '높여 중요하게 대한다.'라는 사전적 의미가 있다. 그러므로 환자를 존중한다는 것은 나의 가치를 높여 중요하게 대하는 것과 같다.

우리가 소위 '진상 환자'라고 불리는 환자를 만났을 때는 사실 그 환자를 존중하기가 참 어렵다. 하지만 진상 환자를 만나면 일단 우리가 '진상'이라는 프레임으로 바라보고 있는 건 아닌지 먼저 생각해야 한다. 조금 예민하고 궁금한 것이 많을 뿐인데 '진상'이라는 프레임을 씌워 선입견을 품은 것은 아닐까? 혹여나 정말 진상이라면 그 사람의 말과 상황을 온전히 받아들이고 나의 가치를 떨어뜨리지 않는 선에서 할 수 있는 최선의 방법을 찾아야 한다.

각종 세미나와 책에서 공감하는 방법으로 '눈을 마주친다', '고개를 끄덕인다', '환자가 하는 말을 한 번 더 짚어준다' 등을 얘기해준다. 분명 공감에도 방법과 스킬이 필요하다. 하지만 마음에서 우러나오지 않고 스킬만 펼친다면 그건 기계와 같다. 마음에서 우러나온 '진짜 공감'이 필요하다.

그 상황을 직접 경험해보지 않고서야 진짜 공감은 어렵다고 한다. 그러니 내가 환자의 모든 마음에 공감할 수 없는 것은 당연하다. 마음에서 우러나온 공감은 상대의 말과 감정을 가감 없이 느끼는 것에서부터 시작된다. 그러려면 내가 가진 선입견과 욕심을 버린 뒤에 지금 그 사람에게 필요한 건 무엇인지 관심을 가지고 질문하는 것이 필요하다.

나는 이미 내가 만든 틀에 상대를 가두고 '당신은 이런 사람이야.'라고 정해놓는 나쁜 습관이 있다. 그러다 보니 그 선입견을 깨는 것이 너무 어려웠다. 그래서 늘 어떤 상황에 마주치면 지금 내가 하는 생각이 선입견은 아닌지 되물으며 인지하는 습관을 들이고 있다.

공감의 짝꿍은 연민이다. 내가 알고 있던 연민의 의미는 '불쌍히 여김'이었다. 그러다 ≪닥터 도티의 삶을 바꾸는 마술가게≫란 책을 통해 연민은 불쌍하게 여기는 마음이 아닌 고통을 덜어주려는 바람을 갖고서 다른 사람의 고통을 인식하는 것임을 알게 됐다. 그 후로 나와 주변 사람들에게 연민의 마음을 가지고 살아야겠다는 마음을 먹었다. 연민의 마음은 나와 타인의 삶을 더 나은 방향으로 바꾼다. 그 마음은 내가 상대를 위해 할 수 있는 것이 무엇인지 찾게 했고, 오롯이 상대의 마음을 바라봐야 한다는 것을 알게 해줬는데 이 또한 선입견과 쓸데없는 생각으로 가득 찬 내 마음을 비움으로써 시작된다.

지금까지 말한 '감사와 존중', '공감과 연민'은 모두 상대를 위한 것이라고 설명했지만 사실 이 모든 건 나를 위한 것이다. 그 누구도 아닌, 오로지 나 자신을 위해서 이 마음을 가져야 한다. 존중과 감사는 내 가치를 높여주고, 공감과 연민은 내 마음속에 있는 선입견과 쓸데없는 생각에서부터 벗어나

더 넓은 마음과 시야를 가질 수 있게 한다.

  나는 당신이 이런 마음으로 이기적이었으면 좋겠다. 자신을 위해서 '존중과 감사', '공감과 연민'의 마음을 갖는 데 에너지를 썼으면 좋겠다. 방법은 이미 2장의 '바닥난 자존감 회복을 위한 6가지 실천방법'에서 말한 바 있다. 사람이 끊임없이 훈련해야하는 것이 마음근육을 기르는 일이라고 한다. 다시금 자존감을 낮추며 불건강한 마음으로 돌아가지 않도록 나의 마음을 인지하고 돌보는 노력을 게을리하지 말아야할 것이다. 이러한 마음을 간직한 채 이 책을 끝까지 읽길 바란다.

# 2
# 병원에서의 친절은 기업에서의 CS와 다르다

내가 알고 있는 친절이란 어떤 상황에서도 미소를 잃지 않고 상냥하고 고분고분하게 고객을 대하는 것이었다. 대학생 때 주말마다 옷가게에서 아르바이트를 했다. 대형마트에 입점해 있는 곳이라 정기적으로 CS 교육을 받아야 했고, 아침 조회 때마다 친절 구호를 외치며 시작을 했다. 그 당시 교육에서는 고객에게 도움을 드리고, 밝게 웃으며 응대해야 한다고 배웠다. 나는 웃는 상이기도 하고 처음 보는 사람들과도 서슴없이 얘기를 잘하는 편이어서 주변 가게 이모들도 어쩜 그렇게 인사도 잘하고 친절하게 응대하냐며 평일에는 자기네 가게로 와서 일하라는 스카웃 아닌 스카웃 제의를 받기도 했다.

나는 병원도 옷가게에서 일했던 것처럼 병원에 오는 사람들에게 웃으면서 상냥하게 인사하고 고분고분하게 응대하면 된다고 생각했다. 1년 차 때는 시골에 있는 병원에서 일했던지라 어르신들이 많이 내원했다. 예약제로 운영되는 병원이 아니었기에 어르신들이 내원해서 아프다고 하면 그러시냐고 조금만 기다리시라고 하며 차례가 되어야 봐 드릴 수 있다고 하는 것이 당연했고, 환자도 기다리는 것이 당연했다. 그래서 이렇게 응대하는 것이 문제가 될 것이라고는 생각하지 못했다.

그곳은 시골이었던지라 주요 연령층이 서비스나 정보에 익숙치 않은 50~60대로, '의사가 하라면 해야지, 친절하지 않아도 치료를 잘하니까 가지.'라고 생각하는 사람들이 많았다. 하지만 지금은 비용을 낸 만큼 그에 맞는 서비스를 원하기 때문에 병원은 경쟁업체, 경쟁병원이 점점 더 많아지는 만큼 고객을 만족시키는 서비스를 고민하고 제공하기 위해 노력해야 한다.

병원에서의 친절은 기업에서의 친절과는 다르다. 단순히 잘 웃고 상냥하게 얘기하는 것만이 친절이 아니다. 환자는 몸이나 마음이 불편하거나 예방하기 위해서 병원을 방문한다. 그런 환자들의 마음을 먼저 헤아리고 어디가 불편한지, 어떻게 불편한지, 어떻게 하면 우리가 도와줄 수 있는지를 생각하며 다가가야 한다. 말하지 않아도 먼저 알아주는 병원, 즉 병원과 컨텍이 되는 순간부터 진료가 끝날 때까지 불편하거나 불안한 마음이 들지않도록 설명해줬을 때 환자는 배려받는다고 생각한다. 그리고 그런 병원을 친절한 병원이라고 느낀다.

그렇다면 친절한 병원이 되기 위해서는 어떻게 해야 할까? 상주에 있는 한 병원은 아파트 부녀회장이 자발적으로 입소문을 내고 다닐 만큼 친절하다고 소문이 난 곳이다. 이 병원의 실장님은 살가운 성격과 함께 무엇보다 환자를 위하는 마음이 큰 분이셨는데, 병원의 분위기도 너나 할 것 없이 서로서로 도우며 즐겁게 일하고 있었다. 이 병원은 개원한 지 1년도 되지 않아 아프지 않고 친절한 병원이라고 소문이 자자했는데 그렇게 되기까지는 상당한 노력이 있었다고 한다. 그 노력은 실장님의 고민 아닌 고민을 통해 알 수 있었다.

실장님의 고민은 병원에 공포감이 있는 사람들 사이에서 입소문이 많이 나다 보니 내원하는 포비아 환자들이 많아져 몸과 마음을 더 많이 써야 한다는 것이었다. 어떻게 했기에 환자들이 많이 내원하느냐 물었더니 사소한 것까지 차트에 기록하고 공유한다고 하셨다. 포비아 환자가 내원했을 때 앉았던 체어, 덮었던 담요, 치료 시 안고 있었던 인형 등등 기존에 편하게 치료받았던 상황들을 기록하고 최대한 같은 환경을 제공해서 편안함을 주려고 노력한다고 했다. 또, 아침 미팅 시 포비아 환자(공포심이 있는 환자)가 오는 것을 파악하고 필요시에는 환자와 라포가 두터운 직원을 배치하기도 했다. 실장님의 얘기를 들으니 그곳이 개원 후 빠르게 지역사회 최고의 병원으로 자리 잡은 이유를 확실히 알 수 있었다.

환자에게 친절한 응대를 하려면 그 환자에게 '관심'을 갖고 필요한 것, 궁금해하는 것이 무엇인지 파악해야 한다. 환자를 '배려'하며 상황에 맞는 응대와 행동이 더해져야 하고, '정성'을 다해 돌보려는 마음가짐이 필요하다. 통증 때문에 밤새 잠을 못 잔 환자에게 친절하게 응대한다고 웃으면서 인사하고 우리 병원의 규칙을 설명할 것인가? 아니다. 이 환자가 친절한 병원이라고 느끼게 하려면 환자의 통증에 공감해주고, 우리가 그 상황에서 어떤 도움을 줄 수 있을지 고민해야 한다. 예약제로 운영이 되는 병원이라고 하더라도 다른 환자들에게 양해를 구하고 통증 환자의 응급처치를 할 수도 있고, 조절이 어렵다면 병원에서 환자를 위해 노력하고 있다는 것을 어필할 필요가 있다.

이처럼 환자에게 진정 필요한 것이 무언지를 빠르게 파악한 후에 배려하고 정성을 다한다면 자연스럽게 친절한 병원, 진료받고 싶은 병원으로 자리매김하게 될 것이다. 이때 나 혼자가 아닌 전 직원 모두가 환자에게 관심을 갖고, 알게 된 정보를 차트에 기록하며 공유해야 한다. 모두가 노력할 때 친절한 병원이 만들어진다.

> ❗ **같이 생각해 봅시다**
>
> 오늘 어떤 환자를 만났나요? 그 환자가 필요로 하는 것은 무엇이었을까요? 이때 환자에게 어떤 도움을 주기 위해 무슨 노력을 했나요? 그것을 모두가 알고 환자를 배려하며 케어할 수 있도록 기록하고 공유되었나요?

# 3
## 환자가 스스로 오게 하는 마법의 콜 관리법

 2020년 2월 코로나19로 전 세계가 떠들썩하기 시작했다. 세계보건기구 WHO는 팬데믹을 선언했다. 코로나19가 확산하면서 사회적 거리두기가 4단계까지 격상되기도 하며 많은 기업에서 재택근무제도를 도입했다. 교육기관도 휴교, 휴원하면서 아이들도 집에만 있게 되었으나 돌볼 사람이 없어 근무시간을 조절해야 하는 사람도 있었다. 대기업을 비롯한 많은 중소기업에서는 고객과 판매량이 줄어 일자리를 잃거나 반대로 새로운 직업들이 생겨나기도 했다.

 병원도 예외는 아니었다. 사람들은 예약을 미루거나 취소했다. 병원에서도 상황이 어찌 될지 모르니 섣불리 내원하시라고 말을 할 수도 없었다. 환자가 줄다 보니 단축 진료를 하는 병원도 있었고, 병원커뮤니티에는 원장님이 직원 수를 줄인다고 하는 글과 코로나로 난리인 이 상황에 매출은 떨어졌는데 환자에게 오라고도 못 하고 어찌해야 할지 모르겠다는 글들이 도배됐다.

그 당시 〈따뜻한 조언〉에서는 코로나로 인해 환자에게 어떻게 응대해야 할지 모르겠다는 질문을 받고 콜 관리에 대한 얘기를 나눴다. 나는 다온에서 배우기 전까지 콜이라고 하면 정기검진 때 자동문자가 발송되는 리콜, 안부 목적으로 전화하는 해피콜만을 생각했다. 그러나 같은 콜 관리라도 병원의 컨셉이나 환자군의 특성, 진료별로 달라지며 그에 따른 응대도 달라야 한다는 사실을 알았다. 또 그러기 위해서는 콜을 하기에 앞서 환자 구분이 되어있어야 했다.

내가 A병원에서 근무했을 때 콜 관리 시스템에 대해 배울 수 있었는데, 코치님들은 원장님과 상의하고 병원의 시스템에 맞춰 환자를 중요도로 나눠 분리했다. '앞으로 계속 관리해야 할 환자, 상담 미동의 환자, 임플란트 치료 중인 환자, 임플란트 완료' 등 기준은 병원에 따라 달라야 한다. 환자들을 중요도에 따라 분리하면 환자를 관리할 때 활용할 수 있다. 특히 리콜 시스템과 환자 분리는 떼려야 뗄 수 없는 관계다. 환자 수가 많아지면 모든 환자에게 리콜 전화를 할 수 없다. 만일 50명의 환자에게 전화를 해야 한다면 온종일 전화만 하다가 하루가 다 갈 것이다. 그중에서도 꼭 내원해야 할 환자, 꼭 관리해야 하는 환자 등 우리 병원에서 정한 중요도가 높은 환자들에게 전화해서 치료를 받을 수 있게 안내해 드리고 계속 관리될 수 있도록 해야 한다.

리콜 외에도 상담 미동의 환자들에게 전화해서 그들이 고민하는 부분을 한 번 더 터치한 뒤 꼭 필요한 치료는 받을 수 있도록 도와주어야 하는데, 상담 미동의 환자를 관리하기 위해서는 환자관리 프로그램을 활용하는 방법이나 프로그램 상에서 환자 구분을 미동의로 설정한 후 미동의 환자만 검색하여 전화하는 방법도 있고, 엑셀 파일을 만들어서 관리하는 방법도 있다. 전화할 때는 치료를 받아야만 한다는 말뿐만 아니라 환자가 고민하는 부분이 있다면 상담한 것을 토대로 최대한 도움을 줄 방법을 찾아 주어 당장 결정하지 않더라도 궁금증이 생기거나 치료를 해야겠다는 마음이 들 때 우리 병원이 생각날 수 있도록 해야 한다.

나는 처음 환자들에게 리콜, 미동의 콜을 했을 때 이 환자가 지금 당장 우리 병원에 오게끔 해야 한다고 생각했다. 그런 집착이 환자에게도 느껴졌을 것이다. 코치님은 우리가 흔히 리콜이라고 하면 생각하는 오류가 '이 환자를 당장 오게 해야 한다.'라는 생각에서 비롯된다고 했다. 당장 올 수 없는 상황이 있을 수도 있는데 그런 배려 없이 무조건 와야 한다고 강제한다면 환자는 거부감을 느끼게 된다는 것이다. 그러면 나중에 병원에 가야 할 상황이 오더라도 우리 병원을 선택하지 않게 된다.

코로나가 성행했을 때 그런 생각에 갇혀 있으니 환자에게 콜하기가 더 어려웠다. 코치님은 이 환자가 당장 오게끔 하는 것이 목적이 아니라고 했다. 상황이 상황인지라 전화로 안부를 물으며 현재 우리 병원은 안전하게 진료하기 위해 어떻게 방역을 하고 소독, 멸균관리를 하는지 얘기하는 것만으로도 좋다고 하셨다. 그러면 환자에게 우리 병원이 환자도 계속해서 관리해주고 소독과 멸균에도 철저한 곳이라는 인식이 생기게 되어 나중에 필요할 때 다시 찾게 된다는 것이다.

리콜, 미동의 콜 외에도 환자를 기쁘게 하는 해피콜, 환자에게 감사의 마음을 전하는 땡큐콜이 있다. 해피콜은 주로 수술을 하거나 컴플레인을 했던 환자 등 걱정을 하거나 케어가 필요한 경우에 할 수 있다. 해피콜을 할 때는 그 당시 상황을 가장 잘 아는 당사자가 챙겨서 하거나, 상황이 그렇지 못하다면 차트에 특이사항을 기록하고 전화를 할 사람에게 상황을 전달해 환자가 안심되고 기쁜 마음이 들도록 해야 한다.

땡큐콜은 소개해준 사람을 비롯해 감사한 마음을 전해야 하는 사람들에게 할 수 있다. 감사한 마음을 전하려면 소개를 해준 사람이 누구인지 파악을 하는 것이 우선되어야 한다. 내원 경로에 소개자명을 적게 되어있는 병원이 많은데 동명이인이 있을 수도 있으니 전화번호 뒷자리도 함께 알아두면 좋다. 소개는 자신이 만족했으니 소개해주려는 사람도 이 병원에서 경험한 것을 느꼈으면 하는 마음에서 하는 것이다. 그러니 소개해준 만큼 신경 써서 치료해드리겠다는 멘트와 함께 감사의 말을 전해야 한다.

많은 병원에서 하는 실수가 소개해주면 그 즉시, 바로 감사인사를 전하는 것이다. 땡큐콜은 특이나 타이밍이 중요하다. 소개를 받고 내원했지만 계획한 진료를 다 진행하지 않을 수도 있고, 진료 중 서로의 오해로 언쟁이 생기거나 기대했던 것과 달라 중간에 떠날 수도 있다. 또, 소개받은 사람이 소개해준 사람에게 자신의 상태를 알리고 싶어 하지 않을 수도 있다. 이런 부분들을 고려해서 땡큐콜의 타이밍을 잡고, 진료 얘기보다는 '저희 병원을 믿고 소개해주셔서 감사합니다.'에 초점을 맞추어야 한다.

리콜, 미동의콜, 해피콜, 땡큐콜 모두 궁극적으로는 계속 우리 병원에서 관리를 받고 내원하게끔 하기 위함이다. 콜을 하기에 앞서 중요도에 따라 환자를 분리하고 그에 맞는 응대가 필요하다는 것을 잊지 말자. 그리고 당장 우리 병원에 내원하게끔 하는 것이 목적이 아닌, 우리 병원이 항상 환자를 생각하고 있다는 것과 병원의 강점을 프로모션하며 내원할 마음이 생기면 우리 병원이 생각나게끔 하는 것이 중요하다!

# 4
# 신뢰를 떨어뜨리는 3불 언어! - 안돼요, 없어요, 몰라요

　병원에서 하지 말아야 할 말 세 가지가 있다. '**안돼요**', '**없어요**', '**몰라요**' 이 세 가지를 3불 언어라고 부른다. 이 단어들은 꼭 환자가 아니더라도 직원 간에 오해하거나 불안한 상황, 신뢰를 떨어뜨리는 상황을 만드는 단어이기 때문에 다른 표현으로 대체할 수 있어야 한다.

　한 치과병원에 모니터링을 갔을 때이다. 원장님과 퍼스트, 세컨 어시스트가 함께 임플란트 수술을 하고 있었다. 엑스레이를 보니 상악동 거상술을 동반한 임플란트 수술이었는데 난이도가 꽤 높아 보였다. 수술하던 중 원장님이 세컨 어시스트에게 상악동을 올리는 기구의 이름을 말하며 그 기구를 달라고 하셨다. 원장님이 그 병원에 부임한 지 얼마 안 되셨을 때라 수술기구 세트에 어떤 것이 있는지 모르고 찾았던 기구였다고 한다. 이 병원의 수술기구에는 원장님이 찾는 기구 대신 용도는 같지만 이름이 다른 기구가 있었다. 그런데 세컨 어시스트가 원장님이 찾는 이름의 기구가 없으니 수술 중에 "그 기구 없어요."라고 말을 한 것이다.

수술이 끝나자마자 환자는 벌떡 일어나 수술에 필요한 기구가 없는 게 말이 되냐며 크게 화를 냈다. 퍼스트 어시스트는 환자에게 대체할 수 있는 기구가 있었고, 수술이 아주 성공적으로 끝났다고 얘기했으나 환자는 그 말을 신뢰하지 못하고 병원을 나설 때까지 나중에 문제가 발생하면 병원책임을 물을 거라고 말하며 나가셨다.

이런 상황에서 어떻게 대처했더라면 좋았을까? 원장님이 찾는 기구는 없지만 대체할 수 있는 다른 기구가 있다면 "네 원장님 여기 OO 있습니다."라고 말을 하면 좋았을 것이다. 혹은 손짓이나 입 모양으로 표현을 하거나 포스트잇으로 전달하는 등 환자가 오해하거나 불안해할 수 있는 상황을 만들지 않아야 한다.

이 사례 외에도 모니터링을 하면서 많은 병원에서 '안돼요', '없어요', '몰라요'의 3불 언어를 사용할 때가 많은 것을 관찰했다. 환자가 대기실에서 A선생님에게 예약변경이 가능한지 물었다. A선생님은 환자가 묻자마자 예약표도 보지 않고 "그날은 수술이 있는 날이라 안 돼요."라고 말했다. 환자는 그 말을 듣고 그럼 그다음 날로 변경해달라고 요청했으나 또 안 된다는 말을 들었고, 다시 한번 확인해달라고 얘기했다. 환자는 자신이 묻자마자 곧바로 안 된다고 하는 A선생님에게 왜 확인하지도 않고 바로 안 된다고 하냐며 급한 사정이 있어서 그러니 다시 한번 확인해달라고 했다.

반면 B선생님은 비슷한 상황에서 확인해보겠다고 하며 환자에게 잠시만 기다려달라고 했다. 분명 그날은 수술이 있는 것을 알고 있음에도 불구하고 예약 창을 보며 빈 시간을 찾는 노력을 보이더니 환자에게 아무래도 어려울 것 같다고 얘기하며 다른 날짜를 물었다. 두 상황 모두 환자가 예약변경을 요청했지만, 수술 시간으로 인해 예약변경이 어려웠던 상황이었다. A선생님은 곧바로 안 된다고 했고, B선생님은 확인해보고 어려울 것 같다고 말하며 다른 시간으로 안내를 했다. 같은 상황이었음에도 환자가 예약변경에 대한 미안함과 신경 써주는 것에 대해 고마움을 표현한 것은 후자의 상황이었다.

진료실에서는 은근히 모른다는 말을 많이 사용한다. 신경치료를 받는 환자가 통증이 지속되자 불안했는지 옆에 있던 어시스트에게 신경치료를 하고 있는데도 계속 아픈데 왜 그러는 건지 물었다. 어시스트는 저년차 선생님이었는데 환자에게 어떻게 대답해야 할지 몰라 당황한 것처럼 보였다. 그러더니 망설이면서 "음…. 어…. 저도 잘 모르겠어요."라고 말했다. 결국 환자는 원장님이 오시자 다시 질문했다.

환자가 무언가를 물어보면 정말 모르거나 대답하기 어려운 상황일 수 있지만 모른다는 말은 최대한 삼가는 것이 좋다. 환자는 누구나 자신을 돌보는 사람이 전문가이길 원한다. 하지만 모른다는 말을 들으면 '이 사람은 잘 모르는 사람'이라는 생각을 하게 되고 신뢰하지 않게 된다. 나중에 역량을 키워서 잘할 수 있게 되더라도 환자는 이미 '모르는 사람'으로 각인했기 때문에 다른 선생님이 봐주길 원할 수도 있다. 또, '이 병원은 의사 외의 직원들은 잘 모르는 사람'으로 생각하고 무조건 원장님께 봐달라고 하거나 병원에 대한 불신이 생길 수도 있다. 대답하기 어려운 질문이라면 "네, 원장님께 말씀드릴게요. 너무 걱정하지 마세요."라고 얘기하면 된다. 반드시 즉답하지 않아도 된다. 중요한 건 환자의 불안감을 줄여주는 것이다.

3불 언어 외에도 무의식중에 하는 표현들이 환자를 불안하게 만드는 경우가 있다. '새것 주세요.'처럼 멸균을 해서 재사용하는 재료라 안전하지만 포장 자체를 뜯지 않은 완전한 새것을 원하는 경우에 하는 말이나 '이거 왜 이렇게 안 되지?'하며 한숨 쉬기 등 잘하고 싶은데 마음처럼 안될 때 나타나는 말과 표현이다. 환자는 병원의 시스템과 우리의 마음을 알지 못한다. 그러므로 의도치 않게 입 밖으로 나오는 단어 하나가 오해를 만들 수 있다. '뭐지? 그럼 그동안 썼던 걸로 치료한 건가?' 혹은 '못하는 건가? 왜 안 된다고 하지? 너무 불안해.' 라며 온갖 상상의 나래를 펼칠 수도 있다. 병원은 환자가 자신의 몸을 치료하러 오는 곳이고 통증을 앓고 있기 때문에 작은 것에도 예민하게 반응할 수밖에 없다.

　우리가 환자에게 하는 말과 행동은 위로와 안심을 주는 반면 불안하게 만들거나 신뢰를 떨어뜨릴 수도 있다. 3불 언어가 그 대표적인 예이다. 따라서 이 말을 하지 않는 것을 시작으로 우리가 병원에서 환자에게 불안감을 주거나 신뢰를 떨어뜨리는 말과 행동에는 무엇이 있는지 생각해보자. 그리고 그 말 대신 어떤 말로 대체할 수 있을지 고민해보자.

2부

## 업무의 효율을 높이는 환자관리

# 1
# 기록: 직원 간 소통과 환자관리의 필수요건

"실장님! 이 환자분은 치료 동의하신 거예요?"
"실장님! 이 환자분 수납 오늘 반절만 하기로 했다는데 맞나요?"
"실장님…!"

내가 모니터링을 갔던 D피부과. 이 병원은 유난히도 스텝들이 여기저기서 실장을 찾아댔다. 실장은 상담하랴, 응대하랴, 전화 받으랴 분주해 하면서도 스텝들의 물음에 대답하느라 더 정신이 없어 보였다. 그런데 질문의 내용을 가만 들어보니 '왜 이걸 질문하는 거지?'라는 생각이 들었다. 대부분이 환자 응대, 치료, 수납에 관련된 내용이었기 때문이다. 차트를 살펴보니 아니나 다를까, 치료한 내용이 담긴 의무기록만 있을 뿐 환자 상담내용이나 특이사항 등의 기록은 메모 되어있지 않은 부분이 많았다.

한편 이전에 한 달 정도 일했던 C병원은 어딘가에 기록은 잘 되어있었지만 직관적으로 알아보기 어려웠고, 여기저기 메모가 흩어져있어 환자를 응대하고 치료하는데 뭔지 모를 번거로움이 있었다.

이처럼 기록이 잘 되어있지 않으면 그 환자와 접점이 많았던 사람이나 환자에게 또다시 물어볼 수밖에 없는 상황이 생긴다. 한두 명이면 모르겠으나 환자가 많아질수록 스텝들의 질문은 많아지고, 환자는 반복되는 질문과 대답에 지쳐 제대로 관리받지 못하고 있다고 느끼게 된다.

나는 실장에게 기록하는 것이 어떨지 의견을 물었는데 실장은 기록할 시간도 없을 만큼 바쁘고, 본인이 기억하고 있으니 괜찮다고 얘기했다. 모든 걸 다 기억할 수도 없는데 말이다. 기록만 잘해두면 스텝이 질문하지 않으니 물어보는 것에 답변하기 위해 확인하는 시간이 줄어들 것이고, 모든 접점에서 환자관리가 수월해질 텐데 안타까웠다. 무엇보다 실장이 퇴사하면 그 많은 환자는 어떻게 관리할 수 있을까 하는 생각에 병원이 걱정됐다.

그렇게 그 병원을 마무리하고 B병원에서 일하게 되었는데 공교롭게 이 곳도 기록의 부재로 문제가 발생하고 있었다. 덕분에 나는 이때 코치님들로부터 어디에, 무엇을, 어떻게 기록해야 하는지 또 그 기록이 어떻게 활용되는지 잘 배울 수 있었다.

기록을 잘하기 위해서는 먼저, 어떤 내용을 적어야 할지 잘 알아야 한다. 어떤 내용은 적고 어떤 내용은 적지 않아도 되는 것이 아니다. 환자관리에 필요한 내용은 모두 적어야 한다. 다만 접점마다 환자에 대해 알게 된 내용이 다를텐데, 먼저 데스크에서는 내원했을 때 받는 문진표와 접수 시 환자가 신경 써달라고 얘기하는 부분을 기록해야 한다.

여기에 조금 더 센스를 더하자면, 환자가 대기실에 비치된 구강용품이나 제품을 유심히 보고 있는 경우 데스크에서 관찰한 내용을 토대로 이렇게 적어줄 수 있다.

[진료 보며 칫솔질 교육 안내해 드릴 것. 대기실에서 구강용품 관심 보이심]

그러면 진료실에서 치료와 연결 지어 그에 대해 안내할 수 있을 것이다. 전화하거나 받을 때도 환자가 예약을 취소하고 몇 달 뒤에 오시기로 하셨다면 그동안 주의할 내용을 안내한다든가, 전화로 c.c를 얘기하고 예약을 했다면 c.c내용을 적어두고 내원 시 응대할 수 있도록 해야 한다.

진료실에서는 의무기록지에 꼭 메모해야 할 치료 관련 내용뿐만 아니라 무슨 요일, 몇 시에 내원하는 것을 선호하는지도 기록하면 예약을 잡을 때 도움이 될 수 있다.

또, 원장님과의 대화 속에서 알게 된 상담에 도움이 될만한 내용이나 진료 전 바셀린, 마취 크림을 미리 발라 달라고 얘기한 것도 반드시 기록해야 한다. 환자가 얘기하지 않았다고 하더라도 진료 중 알게 된 사실이나 관찰을 했을 때 '이런 것이 필요할 것 같다.'라는 것이 있으면 모두 기록을 해놓는 것이 좋다. 사람은 말하지 않아도 챙겨주면 감동한다. 특히 그것이 진짜 내가 원하는 것이었다면 더욱 감사한 마음을 갖게 된다. 만약 컴플레인 상황이 있었다면 그 상황에 대한 것 등을 메모하여 내원 시 신경 써서 관리할 수 있도록 해야 한다.

간혹 빠뜨리는 게 c.c에 대해 치료가 불필요한 경우 어떻게 얘기했는지에 대한 기록이다. 치료하지 않는다고 하더라도 왜 하지 않아도 된다고 했는지, 정기검진하기로 했는지 등을 기록해놓아야 한다.

상담실에서는 상담 후 할인, 수납계획을 적어야 한다. 특정 시점에 수납받는 시스템을 갖추고 있는 병원일지라도 큰 비용을 수납해야 할 때는 나누어 내게 되는 경우가 있다. 이럴 때 환자에게 수납계획 세워드린 것을 차팅해놓아야 수납 시점을 확인할 수 있고, 발생할 수 있는 미수에 대해서도 예방할 수 있다. 여러 개의 치료가 들어갈 때는 치료의 순서도 함께 적어야 한다. 그렇지 않을 경우 매번 환자나 상담자에게 물어보고 다음 예약을 잡게 된다.

자, 무엇을 기록해야 할지 알았다면 이것을 어디에 기록해야 할까? 이건 병원의 상황마다 달라질 수 있다. 다만 환자가 보기에 민감할 수 있는 내용의 메모는 환자가 서류를 발급받아갈 때 보이는 곳에는 적지 않는 게 좋다.

환자관리 프로그램, 의무기록 차트, 상담 차트, 전화 차트 등 어디에 기록할지는 병원에서 정하기 나름이다. 어떤 내용을 기록할지 정했다면 내용에 따라 어디에 기록할 것인지에 대한 기준도 정해 모두에게 공유되어야 한다. 내 나름대로 열심히 기록했다고 해도 다른 사람들은 알지 못하면 절대 활용될 수 없다.

참고로 내가 일했던 한 병원에서는 환자가 봐도 되는 내용은 프로그램상에 뜨도록 하였고, 민감할 수 있는 내용은 특이사항 차트를 따로 만들어 기록했다. 그리고 진료 전에 무조건 특이사항 차트를 확인한 후 환자를 응대하는 약속을 정해 기록이 활용될 수 있도록 했다.

사보험으로 서류발급을 요청하는 경우가 많은데, 민감할 수 있는 내용이 환자가 발급받아가야 하는 차트에 기록되어있다면 컴플레인 그 이상을 받게 될 수 있으니 그런 내용은 따로 적어두는 편이 좋다.

   기록하는 방법도 중요하다. 모두가 알아볼 수 있도록 기록해야 하는데 나만의 언어로 적어두거나 장황하게 적어서 무슨 말인지 알아보지 못하는 기록은 하지 않으니만 못하다. 또 같은 치료라고 하더라도 병원마다 부르는 이름과 쓰는 약자가 다르다. 신경치료만 해도 RCT, ENDO 등의 용어로 쓰이고 있다. 치료에 관한 내용뿐만 아니라 보험 본인부담금을 '보험비용', '본부금', '보본금' 등 각자의 줄임말로 쓰는 경우도 있다. 이직한 직원이 전 병원에서 사용했던 단어에 익숙해 우리 병원에서 쓰는 단어가 아닌 전 병원의 단어를 쓰면서 혼란이 생기는 일도 있는데 이직해서 들어온 직원들 여러 명이 제각각으로 단어를 쓰고 있다면 그 혼란은 더 가중된다. 그러므로 우리 병원에서 사용하는 단어와 표현을 정해 새로운 직원이 들어왔을 때도 통일해서 쓸 수 있도록 교육해야 한다.

   메모할 때는 기록한 사람과 함께 누가 누구에게 말을 한 건지도 명확하게 기록해야 한다. 한 번은 차트에 'XXX 치료 상담.'이라고 적힌 채 환자가 데스크로 나왔다. 차트를 보니 상담을 했다는 건지, 하라는 건지 헷갈려 기록한 사람에게 재확인한 일도 있었다.

   또, 진료실에서 '오른쪽 위 치아 충치 있지만 아프지 않으니 지켜보겠다고 함.'이라고 기록이 되어 나왔다. 이 경우 원장님께서 지켜보겠다고 한 것인지, 환자가 지켜보겠다고 한 건지에 따라 환자에게 해야 할 응대가 달라지기 때문에 누가 누구에게 말했는지도 명확하게 적어야 한다. 이때 누가, 언제, 어디서, 무엇을, 어떻게, 왜의 육하원칙에 따라서 쓴다면 헷갈릴 위험도 적을 것이다. 여기서 '어떻게'는 내가 오랜 시간이 지나서 보더라도 이해할 수 있을까를 생각하며 써야 하는 것을 말한다.

처음에는 쉽지 않을 것이다. 다른 사람들의 기록을 보며 헷갈린다고 느껴지는 것들을 그냥 지나치는 것이 아니라 어떻게 메모해야 직관적으로 볼 수 있을지 고민해보는 것이 필요하다. 색깔이나 기호를 기록에 활용하는 방법도 있으니 참고해보자.

차트에 모든 내용을 적으라는 것은 아니다. 환자관리에 필요한 내용은 모두 적되, 그 범위와 접점, 상황이 병원마다 다르므로 우리 병원은 어떤 내용을 어디에, 어떻게 적을지 충분히 의논한 후 갖춰나가는 것이 필요하다. 환자에 관한 내용을 기록하는 것은 환자를 치료하고 응대와 관리를 하는 데 있어 가장 기본적이고 중요한 것이다. 기록은 그 환자를 최선을 다해 치료하고, 마음을 다해 응대하기 위해 어떤 내용이 들어가야 할지 환자에게 관심을 두는 것에서부터 시작된다. 관심을 가지고 환자를 마주했을 때 들은 말과 알게 된 것을 기록해보자!

> ⚠️ **같이 생각해 봅시다**
>
> 누락없이, 모두에게 효율적으로 전달되어 환자를 케어하는데 활용하려면 우리병원에서는 어떤 기록을, 어디에 해야 할까요? 우리병원의 환경이나 직원들의 성향 등을 고려하여 생각해봅시다!
>
> – 무엇을 기록해야 할까? ex) 환자의 특이사항, 콜 내용, 상담 내용, 수납내역 등
> – 어디에 기록해야 할까? ex) 환자관리 프로그램 활용하기(메모기능, 포스트잇기능 등), 상담 차트를 따로 만들기 등

# 2
# 예약 브리핑:
# 원활한 커뮤니케이션과 진료 어레인지를 위한 시간

매일 아침 회의시간. 오늘도 전 직원이 진료실 가운데 모여 예약표에 적힌 환자의 주요사항들을 듣는다. 매일 약 50명 가까이 되는 환자들의 모든 예약내용을 다 듣고 나서야 회의는 끝이 난다. '아 이제 끝났구나.' 멍해지는 정신을 붙들고 다 함께 구호를 외쳤다. 곧바로 오전 진료 준비가 시작되었다. 이미 대기실에 앉아계시는 환자들을 모시고 바쁘게 진료를 본다.

한참 환자 응대를 하고 있는데 저 멀리서 원장님이 1년 차 선생님에게 하는 소리가 들렸다.

"아침 시간에 얘기했는데 집중 안 한 거예요! 한두 번도 아니고 아침 시간에 제발 집중 좀 하세요!"

멀리서 듣고 있던 나는 오늘 진료가 끝나고 원장님께서 나를 찾으실 것을 예상했다. 역시나였다.

"팀장님, 오늘 아침에 내가 OOO 님 볼 때 XXX 준비하라고 했는데 왜 준비가 안 됐을까요? 다들 아침 시간에 집중 안 하나요?"

"죄송합니다. 집중하고 빠뜨리는 것 없이 준비하도록 신경 쓰겠습니다."

당시 나는 더 긴장하고 더 신경 쓰는 것이 최선이라고 생각했다. 하지만 더 긴장하고, 더 신경 쓸수록 스트레스만 가중될 뿐 해결되는 건 없었다. 매일매일 직원들의 스트레스 지수는 높아져 갔다.

원장님은 모든 환자의 예약내용을 알아야 한다고 생각하고 예약표의 환자를 다 읽으셨다. 직원들은 열심히 귀 기울여 듣지만 중간 중간 잠깐이라도 딴생각을 하면 어느새 몇 명의 환자 내용이 지나가 버린다. 집중해서 들어도 뭐가 중요한지, 무엇을 준비하고 기억해야 하는지 알 수 없어 기억도 잘 나지 않는다. 사실 애초에 모든 직원이 모든 환자를 다 기억할 수도 없다. 듣고도 기록되지 않으니 직원들은 일률적인 응대를 하게 되고 환자도 올 때마다 똑같은 말을 반복해야 하는 상황이 발생한다. 결국, 환자는 제대로 케어받지 못했다고 느껴 떠나가게 된다.

나는 A병원의 아침 회의시스템에 대해 코치님께 보고 드렸다. 코치님은 예약브리핑의 형식을 바꿔야 한다고 하시며, 현재 팀제로 운영되고 있으므로 팀을 활용하여 각 팀의 팀장급인 고연차 직원이 팀별 환자의 특이사항을 미리 파악하고 회의시간에 공유하도록 했다. 또한, 특이사항을 파악하기 위해서 접점별로 알게 된 환자의 내용을 모두 기록할 수 있게 프로세스를 정리하고 수술이나 복잡한 치료, 세밀한 케어가 필요한 환자는 담당자를 정해 그 환자에게 더 집중할 수 있도록 했으며 각자가 맡은 역할에 대해 공유할 내용을 얘기하게 했다.

이렇게 하니 환자의 주요 내용이 기록됐고 누구나 차트만 봐도 환자의 특이사항을 알 수 있었다. 기록된 내용을 통해 예약도 쉽게 조절할 수 있었다. 진료 예상시간이 그려지니 예약이 밀리는 일도 줄었다. 물론 병원의 특성상 예약을 조절한다고 해도 밀리는 경우가 생기기도 한다. 그런 경우에는 예상되는 상황을 파악해서 원장님과 직원의 동선을 정리한 뒤 공유했다. 원장님이 반드시 해주어야 할 사항과 준비하거나 고려해야 할 사항도 함께 말씀드렸다.

예약브리핑을 담당했던 나는 예약표에는 '왼쪽 위 통증'처럼 간단하게 적혀있는 것도 이전에 치료를 받은 곳인지, 타 병원에서 진단을 받았던 곳인지, 우리 병원에서 진료받은 곳인지 등을 미리 파악해서 브리핑 시 함께 얘기했다. 환자에 관한 내용뿐만 아니라 기공물 담당, 장비 담당, 수납 등 각 담당자들도 특이사항을 공유하며 모두가 아침 회의에 참여했다. 또 브리핑은 말로 하는 것이기 때문에 그냥 흘려들을 수도 있으니 중요 포인트는 별도의 서기 담당을 두어 예약표에 기록할 수 있도록 했다.

이렇게 아침 회의시간에 직원들이 주도적으로 참여한 뒤 접점별로 환자를 응대하고 기록하니 원장님이 예약표를 읽어주는 것보다 훨씬 더 환자에게 관심을 두고 챙길 수 있었다. 특히 예약 브리핑의 목적과 중요성을 알게 되니 환자에 관련된 내용을 하나라도 놓칠세라 메모하는 습관이 생겼다. 원장님의 오더도 예약표에 함께 메모해두니 해당 환자의 담당 직원은 실수 없이 환자를 볼 수 있게 되었다. 그 뒤로 원장님의 잔소리 아닌 잔소리도 줄어들게 되었고 열심히 해도 생기던 실수 또한 줄어드니 직원들의 스트레스도 줄어들었다.

이후 B병원에서도 비슷한 문제가 있었다. 그 병원에서는 팀장이 예약 브리핑을 하고 있었는데, 이전 병원처럼 사람만 바뀌었을 뿐 여전히 예약표를 읽고 끝내는 무의미한 예약 브리핑을 하고 있었다. 이미 비슷한 상황을 겪어본 나는 그로 인해 발생하는 문제점을 쉽게 찾을 수 있었다.

예약 브리핑은 그저 환자의 진료내용을 브리핑하는 것이라고만 생각하는데 그렇지 않다. 예약시스템과 접점별 응대 및 차트 기록과도 연결되어있고 이는 환자관리의 첫 번째 단추가 될 수 있다. B병원은 이미 예약시스템이 도입되어 실행하고 있었지만, 아직 선생님들이 시스템을 익히고 적응하는 과정 중에 있었다. 예약시스템이 잘 돌아가고 있다고 해도 예약을 파악하여 동선 체크를 해야 하는데 그게 되지 않으니 예약이 꼬이게 되고 밀릴 수밖에 없었다. 실제로 3가지 진료를 받을 예정이었던 환자는 예약 어레인지가 되지 않아 결국 2가지 진료만 하고 나머지 하나는 다른 날로 미룰 수밖에 없던 상황도 있었다. 양해를 구한 것이 아니라 통보식으로 전해 들은 환자는 자신의 시간에 대해 불만을 토로했다.

또, 집중해서 케어해야 하는 환자를 브리핑할 때 미리 담당 직원이 조율되지 않아 1년 차가 맡게 되었고 결국 컴플레인이 발생하기도 했다. 수술 예약 환자같이 중요한 환자도 그때그때 손이 비는 직원이 수술에 들어가는 경우가 종종 있었다. 이런 경우 환자를 파악할 시간도 갖지 못한 채 진료를 하게 되어 결국 문제가 발생할 수도 있다. 환자의 예약을 미리 파악해서 조절하지 않으니 예약이 밀리는 것은 당연했다.

나는 B병원의 매니저로서 예약 브리핑을 배우고 실행했던 것을 바탕으로 현재 발생하고 있는 문제점과 예약 브리핑을 해야 하는 사람이 준비해야 할 사항, 스텝 모두가 해야 할 역할과 메모, 각 담당자가 파악하여 공유해야 할 것 등에 대해 교육을 했다. 처음엔 익숙하지 않고 바쁘다는 이유로 메모하는 것을 빠뜨리기도 하고, 당일에 수술 담당자가 정해지기도 했다. 하지만 처음부터 완벽할 수 없다는 걸 알고 있었기에 조금씩 노력하는 선생님들을 서포트하며 각자의 자리에서 역할을 할 수 있도록 체크했다. 코치님들의 시스템 세팅과 함께 체크하고 보완하는 과정을 반복하다 보니 어느새 메모하는 것, 자신의 맡은 역할을 체크하는 것, 브리핑을 준비하는 것이 자연스럽게 자리 잡게 되었다. 예약이 밀리거나 당일에 예약내용이 변동되는 일도 훨씬 줄었고, 환자에 대해 미리 파악하고 진료에 들어가니 환자분들의 만족도 또한 높아졌다.

코치님은 "병원이 예약제로 운영되는 이유는 환자를 많이 보기 위함이 아니라 그 시간에 환자를 최선을 다해 치료할 수 있도록 준비하고 케어하며, 효율적으로 보기 위함이다."라고 하셨다. 예약 브리핑은 최선을 다해 환자를 보는 데 필요한 사항들을 모두가 파악하고 공유하는 중요한 시간이다. 그런데 모니터링을 가보면 생각보다 많은 병원에서 그저 예약표를 읽는 예약 브리핑을 진행하고 있거나, 이를 전날 잘못한 사항들을 지적받는 시간으로 사용하는 경우가 많았다.

예약 브리핑을 왜 해야 하는지 생각해보자. 그리고 제대로 된 예약 브리핑을 위해 우리가 무엇을 해야 할지 생각해보자. 진료 시마다 체크해야 하는 것이나 각 담당의 역할 등 최선을 다해 환자를 치료하고 케어하기 위해 필요한 것이 무엇인지 고민하고 공유하는 과정이 중요하다는 것을 잊지 말자.

> **! 같이 생각해 봅시다**
>
> 환자를 잘 케어하기 위해, 우리병원에서는 예약브리핑 시간에 어떤 내용이 공유되어야 할까요?

# 3
## 설명: 컴플레인을 줄이는 사전설명, 동의서, 주의사항

오후 2시, A환자의 진료가 시작되었다. 차트에는 '크라운 프랩'이라고 적혀있었다. 크라운이란 신경치료를 한 후나 충치가 깊은 경우 치아 속이 비게 되어 작은 충격에도 깨질 수 있으므로 이를 통째로 씌우는 것을 말한다. 이 크라운을 씌우기 전 치아를 다듬고 본을 뜨는 진료를 하는데 크라운의 종류에 따라 다듬는 치아의 형태가 다르다. 또 금으로 하느냐 지르코니아로 하느냐에 따라 치아 삭제량도 달라진다. 그래서 사전에 크라운의 종류를 확인하고 진행해야 한다. B선생님은 차트에 '골드크라운'이라고 적힌 것을 확인하고 원장님 어시스트를 들어갔다. 약 1시간가량의 진료를 마치고 A환자는 수납과 예약을 하기 위해 데스크로 나왔다.

그런데 수납하려고 치료계획을 보니 실제 진료한 내용과 다른 것이 아닌가? 환자는 지르코니아를 하기로 계획되어있었는데 차트에는 골드크라운이라고 적혀있었다. 깜짝 놀라 환자분께 사과드리고 양해를 구해서 다시 치아를 다듬고 본을 떴다. 다행히 생명과 직결된 부분이 아니었기에 수월하게 넘어갈 수 있었지만, 만약 이를 뽑거나 수술 중에 발생한 실수였다면 어떻게 되었을까? 생각만 해도 아찔했다.

왜 이런 일이 발생한 것인지 확인해보니 실제 환자와 상담한 치료계획서의 내용이 차트 NEXT에는 다르게 기록되어있었다. 기록을 잘못한 것이 1차 문제였다. 하지만 진료에 들어가기 전 오늘 치료 내용에 대해 환자에게 한 번 더 설명하고 확인하는 과정을 거쳤다면 실수를 걸러낼 수 있었을 것이다. 사전설명을 하기로 약속하고 시스템을 세팅했음에도 지켜지지 않은 것이 2차 문제였다.

특히나 병원은 환자의 몸 일부를 치료하는 곳이기 때문에 사전에 확인하고 설명하는 것과 각 접점에서 더블체크를 하는 것이 무엇보다 중요하다. 이 과정이 없다면 자칫 의료사고나 큰 컴플레인으로 이어질 수 있다. 따라서 치료 전에는 환자의 병력 사항을 꼭 확인하여 응급상황이 발생할 수 있는 경우를 막아야 하고, 환자에게 치료 후에 나타날 수 있는 증상이나 부작용에 대해서도 충분히 이해할 수 있도록 설명해야 한다.

치과에서 진행하는 스케일링은 보험적용이 되는 치료인 만큼 예방 차원에서도, 그리고 치료 차원에서도 이를 받으러 오는 환자들이 많아졌다. 환자들은 스케일링에 대한 몇 가지 오해들을 가지고 있는데, 그중 하나가 스케일링을 하면 치아가 깎여서 치아 사이에 공간이 생긴다는 것이다. 스케일링은 초음파를 이용해 치아에 붙어있는 치석을 떨어뜨리는 것으로 치아를 깎아내지 않는다. 치아 사이에 생긴 공간은 노화 혹은 잇몸병으로 인해 잇몸뼈가 내려간 것인데 그동안에는 치석이 쌓여있어서 몰랐다가 치석을 제거하고 나면 그 부분이 두드러져 보이니 치아가 깎였다고 생각하게 되는 것이다. 잘못된 상식임에도 치료 전에 얘기하면 '그동안 잘 못 알고 있었던 것'으로 이해하고, 치료 후에 얘기하면 '스케일링을 잘 못 해서 변명하는 것'으로 받아들일 수 있다.

어떤 치료를 하건 치료 전에는 치료 후에 나타날 수 있는 증상에 대해 마치 영화의 예고편처럼 설명해야 한다. 같은 말이라도 사전에 얘기하면 설명이 되고, 후에 얘기하면 변명이 된다.

치료 후 주의사항을 설명하는 것에 대한 중요성은 다들 알고 있을 것이다. 그런데 여기서 우리가 생각해봐야 할 부분이 있다. 환자가 집에 가서도 불안해하지 않고 의문점이 생기지 않을 만큼 설명을 했는지 말이다.

오전에 스케일링하고 귀가한 환자에게서 오후에 전화가 왔다. 언제 밥을 먹을 수 있냐는 문의였다. 스케일링을 하고 나서는 잇몸에 자극이 될 수 있으므로 맵고 짠 음식, 과민해진 치아가 시릴 수 있기 때문에 찬 음식을 제외하고는 식사를 해도 괜찮다. 이 주의사항은 대부분 얘기를 해준다. 그런데 이 환자는 언제 식사를 해야 한다는 얘기를 듣지 못해 점심을 거른 것이다. 환자들은 병원에서 일하는 우리가 생각하는 것보다 잘 알지 못한다. 여러 번 내원한 환자라고 할지라도 주의사항은 꼭 설명해야 함은 물론이고 섬세하게 설명해줘야 한다. 도무지 어디까지 설명하라는 건지 감이 안 잡힌다면 우리 병원에서 설명하고 있음에도 환자가 추가로 묻는 부분을 기록해두고 주의사항 안내 항목에 추가하여 그 부분도 설명할 수 있도록 해보자.

치료 후에는 다음 치료에 관한 내용과 그에 따라 사전에 참고해야 할 사항들도 얘기해야 한다. 출혈이 발생하는 치료를 하는 사람에게 중단해야 할 약이 있다면 안전한 치료를 위해 내과 의뢰를 받아 약 중단을 안내받을 수 있도록 해야 하고, 마취를 해야 한다면 마취가 풀리는 시간을 고려하여 일정을 조율할 수 있도록 해야 한다.

환자는 우리 병원에서 어느 접점, 어떤 사람을 만나든 같은 설명을 들을 수 있어야 한다. 그렇지 않으면 혼란을 느낄 수 있다. 따라서 치료 전, 후 설명에도 매뉴얼이 필요하다. 매뉴얼이 있으면 모두가 같은 내용을 빠뜨리지 않고 설명할 수 있다. 실제 A병원에서는 코치님들께서 구축하신 치료 전, 후 안내문과 응대로 치료를 잘한다고 입소문이 났다. 그만큼 치료 전, 후 설명은 환자의 컴플레인도 예방할 수 있으며, 환자가 자신을 배려하는 마음에 감동할 수 있는 포인트가 되어주기도 한다.

우리 병원은 치료 전, 후 설명을 잘하고 있는가? 모두가 같은 말을 하고 있는가? 환자를 배려하며 얘기하고 있는가? 다시 한번 돌아보고 치료 전, 후 설명을 어떻게 할 것인지 병원마다 각자의 매뉴얼을 만들어보자.

> ⚠ **같이 생각해 봅시다**
>
> 환자가 불안감이나 의구심이 들지 않도록 설명하고 있나요? 환자의 입장이 되어 우리병원을 객관적으로 살펴봅시다!

# 4
## 컴플레인 대처: 환자의 마음을 먼저 어루만져라!

따르릉. 병원으로 걸려온 전화 한 통. 수화기 너머로 들려온 목소리에는 화가 잔뜩 묻어있었다.

"지난주에 거기서 때운 게 떨어졌어요. 일주일밖에 안 됐는데 떨어지면 어떡해요? 그럼 비용은 어떻게 되는 거예요? 다른 데서는 그냥 해주던데, 일주일 만에 떨어진 거면 그 병원이 진료를 못 한 건데 비용이 든다고 하면 거기에 갈 필요가 없잖아요!"

왼쪽 아래 치경부마모증(치아와 잇몸 경계 부분이 패이는 것)을 글래스아이오노머(G.I)라는 재료로 치료받은 환자분이었다. 반대쪽인 오른쪽에 치아가 없어서 왼쪽으로만 식사하다 보니 힘을 과도하게 받아서 치아가 많이 패인 상태였다. 치료한다고 하더라도 힘을 받으면 쉽게 떨어질 수밖에 없었고 떨어지는 경우 보험적용이 되어 얼마의 비용이 발생한다고 이미 설명해 드렸었다.

그런데도 이해하지 못한 환자는 화를 냈고, 다시 한번 비용이 발생함을 설명해 드린 뒤 내원 약속을 잡았다. 얼마 뒤 내원하신 환자를 모시고 바로 원장님이 확인할 수 있도록 했다. 원장님은 치아 상태를 확인한 후 "음식물이 묻어있으니 다시 때우기 전에 음식물을 제거하고 주변을 깨끗이 닦아드리겠습니다."라고 말했다. 그러자 환자는 "지난번에 그렇게 건드려서 시린데 또 건드린다고요? 그냥 때워 주세요."라면서 화를 냈다. 음식물이 묻어 있는 상태에는 금방 재료가 탈락할 수 있기 때문이라고 설명해 드렸으나 환자는 "지금 진료 거부하는 거야? 신고하겠어!"라고 소리치며 진료실을 나가셨다. 그리고는 대기실에 들어서자마자 여기서 진료를 거부했다, 여기서 때운 게 떨어졌는데 돈을 또 달라고 한다, 나는 설명을 들은 적이 없다고 하면서 보건소에 신고하겠다고 고래고래 소리를 질렀다.

진료하려면 치아를 깨끗이 닦아야 하는데 닦지 않겠다고 하셔서 진료를 할 수 없는 상황인데 우리가 거부했다고 소리 지르니 순간 나도 화가 났다. 서로 대화를 통해 방법을 찾아야 하는데 무조건 우리 잘못이라고 외치며 소리 지르는 환자가 이해되지 않았다. 결국, 나도 같이 환자에게 화를 냈다. 그렇게 서로 소리를 치다 감정이 상한 채 환자는 나가셨다.

진료를 마치고, 늘 그날의 진료 보고를 해왔던 터라 오늘 있었던 일들을 정리하는데 어디서부터 어떻게 말씀을 드려야 할지 몰라 그냥 간략하게만 전달하면서 어떻게 해결하냐고 물었다. 코치님은 원장님으로부터 상황을 전달받고 내게 전화를 했다.

"팀장님. 그렇게만 말하면 전에 어떤 상황이 있었는지, 어떻게 응대했는지도 모르는데 제가 뭘 해결해드리고 조언을 해드릴 수 있나요?"라고 날카로운 질문을 하셨다. 내가 제대로 대답하지 못하고 머뭇거리자 내가 대처했던 상황에 대해서도 꼬집으셨다. 아무리 화가 나는 상황이라고 해도 절대로 환자에게 화를 내서는 안 된다고 하시며 앞으로 비슷한 일로 환자가 컴플레인 하는 일이 없도록 미리 대비할 방법을 찾아서 세우라고 하셨다.

사실 내가 1년 차 때 일했던 병원에서 컴플레인 상황에 대처하는 방법으로 보았던 것이 말이 안 통하는 환자에게는 똑같이 대하라는 거였다. 그 당시 실장님이 컴플레인 환자를 제대로 응대할 줄 몰라 원장님이 대신 환자와 얘기하다가 싸우는 경우가 많았다. 두 번째로 이직한 병원에서도 실장 없이 적은 연차에 팀장으로 있던 나는 그저 환자에게 "죄송합니다."라고만 했었다. 그러자 원장님이 나서서 환자와 싸우고 환자에게 나가라고 소리를 질렀다.

가장 중요한 시기였던 저연차 때의 경험들이 이렇다 보니 환자가 소리 지르고, 말이 통하지 않는다면 같은 방법으로 대응해도 된다고 생각했다. 지금 생각하면 한없이 부끄럽다. 우리 엄마가 만약 한 병원의 환자로 갔는데 그런 경험을 했다고 하면 과연 나는 어떤 기분일까? 환자를 가족같이 돌본다고 생각했지만 정작 가족은 커녕, 환자로서 존중도 하지 않았다.

이 일이 있고 난 후, 환자와 싸웠던 나를 자책하며 일주일을 보냈다. 일하는 내내 무기력했고 집중할 수 없었다. 또다시 비슷한 상황이 온다면 절대 환자와 싸우지 않을 것이며, 환자를 이해하고 환자의 입장에서 생각하며 응대해야겠다고 스스로 다짐했다. 그렇게 나름 해결했다고 생각하며 스스로를 위안하고 다시 힘을 냈다.

그러다 얼마 지나지 않아 비슷한 문제가 또 일어났다. 아니, 똑같은 문제였다. 나는 그때 다짐했던 것처럼 환자의 입장에서 생각해 봤다. 내가 환자라면 치료한 부분이 빨리 떨어진 것에 대해 이해하기 어려울 것 같았고, 적은 비용이지만 이해되지 않으면 불필요한 비용이라고 생각할 수 있을 것 같았다.

환자 응대를 하기 전, 코치님께 조언을 구했다. 코치님께서는 전화로 원칙을 설명하기보다 불편을 느낀 점에 대해 먼저 사과해야 한다고 말씀해주셨다. 그리고 원장님과 배려해드릴 수 있는 부분에 대해 상의하고 환자분께서 내원했을 때 다시 한번 불편을 느낀 점에 대해 사과드리며 어떻게 치료를 진행할 것인지에 대해 말씀드려야 한다고 했다. 나는 조언대로 했고 환자는 배려해준 것에 대해 감사해하시며 오히려 우리 병원에 신뢰를 가지고 소개 환자를 데려오셨다. 우리 병원의 팬이 되신 것이다.

환자가 불만을 얘기하는 상황에서는 절대 변명하거나 부정해서는 안 된다. 이는 환자에게 "우리 병원의 규정은 이러니 당신이 이해하고 받아들이세요."라고 말하는 것과 같다. 환자가 불만을 얘기하는 것은 내 얘기를 들어달라는 것이다. 그리고 이 진료가 불안하니 안심시켜달라는 뜻도 내포되어 있다. 그런 환자의 마음을 알고 충분히 들어주어야 한다. 그런 다음 인정하고 우리가 할 수 있는 최선의 방법이 무엇인지 고민하며 찾아야 한다.

병원에서 환자의 불평/불만, 주장/요구를 듣고 어떻게 응대하느냐에 따라 환자는 더 큰소리를 내기도 하고, 감정이 누그러지기도 한다. 환자가 불만을 얘기하는 것은 컴플레인과 클레임으로 나눠 생각해볼 수 있는데, 컴플레인은 '너무 아팠다.', '낫질 않는다.'와 같이 과정 중에 경험한 것으로 주관적인 기준에 의한 것이다. 이 경우에는 환자가 표현한 불평에 대해 감정적인 인정을 해주며, 불평을 보완할 방법을 제안하는 편이 좋다.

반면, 클레임은 '예약시간이 30분이나 지났다.', '지난번 설명을 안 했다.'와 같이 객관적인 기준에 의한 것이다. 따라서 반드시 환자가 가진 불만에 대해 인정하고 사과한 뒤 문제가 생긴 원인에 대해 간략하게 언급하며 양해를 구하고 빠르게 문제를 해결해야 한다.

컴플레인이 발생했을 때 대처하는 것도 중요하지만 더 중요한 것은 그러한 일이 발생하지 않도록 하는 것이다. 그때 코치님이 다시는 비슷한 일로 환자가 컴플레인하는 일이 없도록 하라고 말씀하신 것은 마음가짐 그 이상이었다. 비슷한 상황이 온다면 환자를 이해하고, 환자의 입장에서 생각하며 응대해야겠다고 한 것은 과거에 머물러 있는 생각일 뿐 절대 해결책이 될 수 없었다. 코치님이 말씀하신 것의 의미는 다시는 비슷한 일로 문제가 발생하지 않도록 그 원인을 찾아 해결방법을 모색해보라는 것이었다. 진짜 문제가 해결되지 않으니 또 같은 상황이 발생한 것이다. 다행히 환자의 성향이나 응대 방법이 그전과 달랐기에 큰소리 없이 넘어갔지만 해결된 것은 아니었다.

그렇다면 진짜 문제는 무엇이었을까? 5장에서 자세히 살펴보며 방법을 찾아보자.

3부

—

마케팅, 절대 하지 마라

# 1
# 병원도 온라인으로 연결되어야 한다!
## 비대면 환자관리

많은 병원에서 '환자관리'라는 단어를 많이 쓴다. 그렇다면 환자관리란 도대체 무엇을 말하는 것일까? 나는 구환은 계속해서 꾸준히 내원할 수 있도록 하고, 신환은 끊임없이 유입되도록 관리하는 것이라고 생각한다. 환자가 내원하기 전, 중, 후 모든 접점에서 '이 병원을 선택해야겠다.', '선택하길 잘했다.', '다른 사람에게 소개해야겠다.'라는 마음이 들도록 하는 것 모두가 관리에 속한다. 이 장에서는 환자관리를 하는 방법 중에서도 이제는 필수가 되어버린 '온라인으로 하는 비대면 환자관리'에 대해서 얘기해보고자 한다.

2020년 2월, 전 세계가 코로나19 팬데믹 직격타를 맞았다. 수많은 사람이 일자리를 잃기도 했고, 사회적 거리두기의 강화로 각종 모임, 세미나를 비롯한 사람들의 만남 또한 제한되었다. 병원도 코로나19의 타격을 피해갈 순 없었다. 신규환자 내원 수가 급격히 줄어 어려움을 호소하거나 확진자가 나와서 문을 닫기도 하고, 폐업을 하는 곳도 줄줄이 나왔다.

그런데 이런 상황에서 오히려 환자가 늘어난 병원도 있다. 그 차이 중 하나는 '온라인으로 연결이 되어있느냐'였다. 과거에는 소비까지 이뤄지는 단계가 '인지→관심→욕구, 수요→기억→구매'였다면 지금은 '인지→관심→검색→비교→조사→구매→공유'의 단계를 거친다. '검색, 비교'의 단계가 추가된 것이다. 디지털 소비문화가 활발해짐에 따라 사람들은 무언가를 알게 되면 인터넷에 검색해보고 제품에 대한 정보와 사람들이 사용한 후기 등을 충분히 비교한 뒤 구매한 후 또다시 리뷰 등을 통해 후기를 공유한다. 이처럼 사람들의 '리뷰'에 대한 의존도가 높아짐에 따라 많은 플랫폼에서도 리뷰 서비스를 도입하기 시작했다.

병원을 선택할 때 많은 사람이 주변 사람들에게 "어떤 병원이 좋아?"라고 물어본다. 그렇게 누군가에게 우리 병원을 소개받았다고 하더라도 바로 예약을 하는 것이 아니라, 일단 먼저 포털사이트에 우리 병원의 이름을 검색해본다. 그리고 병원에서 제공하는 정보와 병원을 다녀온 사람들의 리뷰가 어떤지 본 후 우리 병원에 가야겠다는 마음이 들면 그제야 예약을 한다. 이렇듯 병원도 온라인과 떼려야 뗄 수 없는 관계를 유지하고 있다. 그런데도 아직 온라인을 활용하지 않는 병원들이 많이 있어 안타깝다.

그렇다면 병원에서는 온라인을 어떻게 활용하는 게 좋을까? 우선 블로그나 인스타그램, 페이스북 같은 SNS를 통해 정보를 제공하는 형식으로 다가가는 것이 좋다. 무작정 홍보만 하는 것은 사람들의 마음을 사로잡을 수 없다. 좋은 정보를 제공하고 그 정보가 퍼질 수 있도록 하면 자연스럽게 홍보가 될 것이다. 우리 병원 환자군의 내원 경로를 분석했을 때 온라인 검색환자가 많다면 검색 후 바로 예약을 할 수 있는 온라인 예약시스템을 도입하는 것도 좋다.

다온이 병원컨설팅을 하는 H병원은 철저한 분석을 통해 병원의 환경과 상황에 맞게 네이버 예약시스템을 구축했는데, 교정치과다 보니 학생이 많았고 그 학생들이 내원할 수 있는 시간은 한정적이었다. 게다가 항상 예약이 꽉 차 있다 보니 예약시스템을 오픈할 시간을 몰리지 않는 시간대로 지정해두고 신환과 구환으로 분리해서 잡을 수 있게 항목을 나누었다. 또, 내부에서 SNS와 유튜브 콘텐츠를 만들고 카카오톡 채널을 활용해 환자들에게 정보가 퍼지도록 했다. 내원하는 환자들은 자신이 받는 치료에 대한 정보는 물론 주의사항에 대해서도 영상이나 글로 확인할 수 있으니 병원에 대한 신뢰와 친밀감이 높아졌다. 신환뿐 아니라 구환도 네이버 예약을 통해 편리하게 예약할 수 있도록 했더니 진료를 받고 리뷰를 남겼다.

이렇게 병원에 대한 신뢰가 높은 환자들이 올리는 리뷰와 병원에서 제공하는 정보는 신규환자들도 병원에 대한 매력을 느끼기에 충분했고, 네이버 예약을 통해 유입되는 신규환자 수가 입소문을 통해 내원하는 환자의 수만큼 높아지기 시작했다.

≪포노사피엔스≫ 책에서는 디지털 문명의 확산이 거세지고 있는 가운데 기업이 생존하려면 소비환경에 맞춰 변화해야 하며, 생각의 표준을 바꿔야 한다고 말한다. 내 생각 또한 마찬가지이다. 병원에서 온라인으로 연결 짓지 못하는 이유는 '고 연령층 환자가 많이 오니까 온라인 채널 관리는 필요 없다.'는 생각, 'SNS는 마케터만이 관리하는 것'이라는 생각, '안 좋은 리뷰

가 올라와서 오히려 악영향을 미칠 것'이라는 생각 때문이다.

판은 이미 디지털을 통한 소비로 흘러가고 있다. 20~30대뿐 아니라 오히려 50~60대의 유튜브 사용량이 늘고 있고, 60대 이상 어르신들도 카카오톡은 대부분 활용하고 있다. 나이는 전혀 문제 되지 않는다. 또한 마케터가 아닌 일반인들도 영상 편집이나 SNS 활용으로 성공하여 부를 획득하는 일이 쉽게 일어나고 있다. 이런 현상들은 더 빠르면 빨랐지 절대 역변하지 않을 것이다.

그렇다면 하루라도 빨리 시작해 온라인상에서 우리 병원의 팬층을 두텁게 만드는 것이 이기는 게임 아닐까? 병원에서 '온라인 마케팅'이라고 하면 업체와 함께 하는 마케팅을 생각하는 경우가 많은데 내가 얘기하는 '온라인 마케팅'은 약간 다르다. 원내에서 일어나는 진솔한 이야기를 들려줄 수 있는 온라인상에서의 브랜딩을 말하는 것이다. 네이버 예약, 카카오톡 채널, 블로그, 유튜브 등 여러 온라인 매체를 활용해 정보전달은 물론 내원할 환자, 내원한 환자에게 꼭 필요한 얘기를 할 수 있어야 한다.

마케팅 업체가 온라인사이트에 상위노출 시키는 것은 잘할 수 있지만, 원내의 얘기를 들려주고 팬층을 두껍게 만드는 건 병원에서 일하는 우리만이 할 수 있다. 물론, 온라인을 활용하다 보면 안 좋은 리뷰가 올라오는 경우가 있다. 그것이 병원에서 가장 두려워하는 일이기도 하다. 그래서 예전에는 홈페이지를 만들 때 일부러 고객 소리함 같은 게시판은 개설하지 않는 경우도 종종 있었다.

하지만 이제는 시대가 바뀌었다. 부정적인 리뷰가 올라왔다면 진솔하게 댓글을 달자. 그리고 감사한 마음으로 문제점을 찾아서 개선하고 시스템을 구축하자. 진짜 두려워해야 할 것은 '부정적 리뷰'가 아니라 문제점이 뭔지도 모른 채 환자들을 떠나보내는 것이다. 무서워서 아무것도 시도하지 않는 것보다는 일단 해보는 것이 중요하다. 문제점을 찾아 개선하고 환자에게 만족을 줄 수 있는 시스템을 구축하면 부정적인 리뷰보다 긍정적인 리뷰가 훨씬 더 많아질 것이다.

아직도 온라인으로 우리 병원을 연결 짓는 것이 망설여지는가? 지금 우리 병원은 어떤 상황에 부닥쳐있는지 현실을 깨닫고 이 시대에 잘나가는 병원으로 살아남길 원한다면 우선 제대로 진단을 받아보자. 우리 병원에 필요한 온라인 시스템이 무엇인지, 어떻게 운영해야 하는지 환자군 분석부터 한 후 시작해보자. 혼자 하기 힘들다면 현재 내가 진행하고 있는 〈비대면 환자관리〉 강의가 있으니 강의를 듣고 스스로 해보거나 1522-5359 혹은 카카오톡 '다온에듀'로 자문하는 것도 좋은 방법이다.

# 2
# 마케팅, 절대 하지 마라

　마케팅 절대 하지 마라. 온라인마케팅은 더더욱 하지 마라. 온라인 마케팅 하면 가장 먼저 떠올리는 것이 블로그, 인스타그램 마케팅일 것이다. 여기서 말하는 '마케팅 절대 하지 마라'의 마케팅은 병원의 컨셉과 비전, 특성을 전혀 이해하지 못하는 마케팅 업체에 맡기기만 하는 것을 말한다. 마케팅 업체에 맡기더라도 똑똑하게 맡겨야 한다. 우리 병원의 컨셉을 잘 전달하고 어떤 내용과 문구로 글을 올릴 것인지, 어떤 이미지를 사용하면 좋을지를 제시해야 한다. 그래야 업체에서 우리 병원의 특색을 잘 표현해서 홍보할 수 있다. 그렇지 않으면 여러 병원에서 무작위로 쏟아내는 다른 마케팅 글들과 다를 바가 없다. 차별성이 없으면 굳이 환자가 우리 병원을 선택할 이유도 없다.

　병원 내에서 자체적으로 하든, 마케팅 업체에 맡기든 중요한 것은 우리 병원의 컨셉과 특성을 잘 이해하고 어떻게 전달할 것인지 고민해야 한다는 것이다. 만약 병원 내에서 자체적으로 SNS를 활용하고 싶다면 블로그를 추천

한다. 병원의 특성상 환자에게 전문적이고 신뢰할 수 있는 정보를 제공해야 하는데, 딱딱하고 지루한 정보성 글과 함께 우리 병원과 원장님을 프로모션 하는 스토리를 풀기에는 블로그가 가장 적합하다.

나는 2018년에 블로그를 처음 시작했다. 내가 배우고 공부한 것을 병원 후배들에게 교육하기 위해 하나씩 정리를 한 것이 계기가 되었다. 대단한 내용은 아니었지만, 이왕 정리한 거 다른 사람들도 알았으면 좋겠다는 마음에 조금씩 올리기 시작했다. 임시치아, 임플란트 종류, 전신질환과 치과 치료에 대한 정보를 올리고 필요하면 다운 받아가도록 자료도 첨부했다. 커뮤니티를 보고 나의 자료가 도움이 될 것 같으면 내 블로그 링크를 댓글로 달아줬다. 그렇게 검색이나 링크를 통해 내 글을 본 사람들이 댓글을 달아주며 첨부파일도 다운로드 받아가고 하트도 눌러줬는데, 사람들의 이런 반응이 내 블로그가 상위노출이 되는 요인 중 하나가 됐다.

그 후에는 병원에서 있었던 일, 세미나 들었던 것 등 병원에 관한 이야기를 포스팅했는데 병원을 검색하고 유입된 사람의 수가 하루 150명을 훌쩍 넘었다. 병원에서 처음 오는 환자들에게 문진표를 받을 때 내원 경로를 여쭤보는 항목이 있었는데 인터넷 검색 중에서도 내 블로그의 글에서 세미나 듣는 것, 원장님 강의하시는 것 등을 보고 신뢰가 가서 내원하셨다는 분들이 많았다. 또 내원하셨던 분 중에는 블로그 닉네임을 불러주시며 글 잘 봤다고 나의 꿈을 응원해주시는 분들도 있었고, 댓글로 우리 병원에 오려고 한다며 문의하기도 하셨다.

내 블로그가 상위노출 되어 환자들이 나의 글을 보고 내원할 수 있었던 것은 네이버의 로직이 바뀐 덕분이었다. 기존에는 키워드만 반복해서 올리면 상위노출을 잡을 수 있었던 시대여서 블로그 마케팅 업체에서는 몇 가지 방법만으로 지금보다는 쉽게 상위노출을 시킬 수 있었다. 하지만 지금은 AI(인공지능)가 발달하여 사람들이 찾는 글, 신뢰받는 글, 전문성이 있는 글을 분석해 상위에 올려주는 로직으로 바뀌었다. 전문적이고 신뢰할 수 있는 정보를 제공해야 한다는 특징을 가진 병원의 블로그는 이제 더 이상 키워드만 반복해서는 상위노출 될 수 없는 시대가 온 것이다. 전문적이고 신뢰할 수 있는 글을 제공하는 것은 마케팅 업체의 직원이 아닌 병원과 관련된 사람만이 가능하다. 따라서 온라인마케팅 업체가 아니라 원내에서 관리하더라도 충분히 상위노출이 가능하다. 또, 검색하면 나오는 똑같은 이야기가 아니라 우리병원의 컨셉을 바탕으로 글을 적었을 때 환자들이 우리병원을 선택할 이유를 제공할 수 있게 되며, 환자 유입률도 높일 수 있다.

현재 진행 중인 〈비대면 환자관리〉 강의의 핵심은 '마케팅하지 말고 내부시스템을 갖춘 뒤 그 과정을 온라인상에 프로모션하라.'라는 것이다. 내부시스템은 우리 병원의 철학과 원장님의 성향, 진료 스타일 등 병원의 컨셉을 바탕으로 구축해야 한다. 내부시스템은 한 번에 갖출 수 없고 여러 분야로 나뉘는데, 그 안에서도 시스템을 구축하는 데 필요한 교육과 과정이 있다. 그 과정을 기록하는 것만으로도 우리 병원이 가고자 하는 길이 보이고 환자들에게 기억되는 차별화된 병원이 된다.

환자들은 온라인상의 글을 보고 기대하며 병원에 내원한다. 내부시스템을 구축해가는 과정을 담은 글을 보고 온 사람들은 우리가 환자만족경영을 위해 갖춘 시스템을 비롯해 기대한 것과 같은 경험을 하게 될 것이다. 하지만 내부시스템이 제대로 갖추지 않은 곳의 상위노출 글을 보고 온 환자라면 병원 접점의 어느 부분에서든 실망할 확률이 높다. 그리고 실망을 느낀 고객은 어쩌면 우리 병원을 다시 내원하지 않을 환자, 게시글에 속지 말라고 얘기하고 다니는 환자가 될 수 있다.

내부에서 쉽게 시작하는 방법은 우리 병원에서 환자에게 설명하고 있는 것을 하나씩 올리는 것이다. 사전 유의사항, 치료 후 주의사항, 치료에 대한 설명, 사용하고 있는 재료에 대한 설명 등 이미 하고 있는 것들부터 시작하면 쉽게 접근할 수 있을 것이다. 이때 같은 주의사항이라고 하더라도 우리 병원의 컨셉에 따라 구축된 내용인지 확인해봐야 한다. 또, 우리병원의 기준에 의해 설명되고 있는 것인지도 확인해야 한다. 판촉물 업체에서 이미 만들어진, 그저 예쁘고 보기 좋기만 한 주의사항 안내문은 아닌지, 실제로 우리 병원에서 그렇게 설명하고 있는지 확인이 필요하다. 안내문에는 '30분 동안 해주세요.'라고 적혀있는데 누군가는 그대로 읽고 누군가는 "1시간 동안 해주시면 됩니다."라고 말하면서 안내문을 드리고 있을 수도 있다. 이런 경우 룰과 기준을 먼저 정하는 것이 우선이다.

이렇게 하나하나 기준과 룰을 정하면 내부시스템도 하나씩 정리가 될 것이고, 정리된 것을 포스팅함으로써 병원을 브랜딩할 수 있으니 일석이조다. 다시 한번 강조하지만 더 효과적이고 효율적으로 온라인마케팅을 하기 위해서는 우리 병원의 컨셉이 명확해야하고 기준과 룰이 있어야한다. 우리병원의 컨셉을 바탕으로 내부시스템을 갖춰가며 이야기를 하는 것으로 원내에서도 쉽게 온라인 채널을 운영하고 브랜딩할 수 있으니 하나씩 시작해보자.

# 3
# 환자가 스스로 오게 하라

　온라인상에 우리 병원을 드러내기 전에 병원의 컨셉과 더불어 생각해야할 것은 우리 병원에서 타겟으로 할 환자군과 원장님의 주력 진료인데, 먼저 타겟층을 정했다면 SNS의 특성을 알고 접근해야 한다. 검색 키워드에 따라 타겟이 달라지는 블로그와 달리 인스타그램, 페이스북 등은 SNS별로 사용자 연령층이 각각 다르다. 또한 다양한 연령층이 분포되어있는 유튜브에서도 연령별로 선호하는 영상의 장르가 다르다.

　인스타그램은 20~30대 여성이 주된 사용자층이기 때문에 미용 및 심미적인 부분이 특화된 진료를 프로모션 해야 하는 병원에 맞고, 인스타그램을 인수한 페이스북은 광고성 SNS 성향이 강해지고 있어 사용자들이 이탈하는 추세이다. 반면 유입량이 점점 늘고 있는 유튜브는 사용자층이 넓다. 다만 20~30대 층은 재미 요소가 있는 영상, 50대층은 정보성 영상을 많이 본다는 것을 알고 접근해야 한다.

　그다음엔 우리 병원에서 보여주고자 하는 이미지와 원장님의 주력 진료를 생각해야 한다. 이를 위해 먼저, 냉철하게 우리 병원의 SWOT 분석을 해보자. 스스로 생각해보는 것도 좋고, 인터넷상에서 올라오는 우리 병원의 평가나 직원의 소리를 듣는 것도 좋다. 전부 찾았다면 약점+위협요소를 보완하기보다 강점+기회 요소를 극대화하는 것이 필요하다.

내가 근무했던 A병원은 1차, 2차 상담을 했었는데 그 기간이 4일 이상이다 보니 통증이 있어 당장 치료를 해야 한다거나, 빨리 치료를 받고 싶어 하는 환자들을 놓치기 마련이었다. 원장님은 그 나흘 동안 CT를 분석하고 치료계획을 디테일하게 세우셨는데 1차 상담 때 이 부분의 프로모션이 약했는지 이탈하는 환자가 많았다. 이처럼 본 상담을 들어가기까지 4일이 걸린다는 것이 우리 병원의 약점이었지만 CT를 촬영하고 최종 치료의 모습까지 생각하면서 치료계획을 세우는 것은 특별한 강점이었다.

당시 병원에서는 주 2회 점심 세미나를 진행했었는데, 원장님께서 CT를 보는 방법과 분석하는 방법을 알려주셨다. 나는 원장님이 세미나 하는 모습을 촬영하고 그 시간에 배운 것과 우리 병원에서 CT를 촬영하는 이유에 대해서 글을 썼다. 그 글의 누적 조회 수는 3개월도 되지 않아 1천을 넘겼고, 이미 병원에 다니시던 분들과 오랜만에 내원하신 분들도 CT를 촬영해서 정밀하게 보는 곳이라는 것을 게시글을 통해 봤다며 얘기하셨다. 여기에 블로그뿐 아니라 병원 내에서도 우리 병원의 특별함을 프로모션했고 내부마케팅에 힘쓰면서 2차 상담 시기에 이탈되는 환자의 수를 2배 가까이 줄일 수 있었다.

SNS에 올리는 글은 정보성 글 외에도 세미나를 들으러 갔다 온 것, 지역

사회 봉사를 한 것 등 우리 병원의 컨셉과 맞는 것이라면 무엇이든 올려보자. 다시 한번 강조하지만, 우리 병원에 내원하라고 홍보하는 마케팅이 아니라 우리 병원에서 시스템을 갖춰가는 과정을 담아 병원을 브랜딩하는 것임을 잊지 말자. 병원은 환자를 단기간에 끌어모으는 마케팅보다는 환자가 우리병원을 검색하는 순간부터 어떤 병원인지 알고 선택하여 올 수 있도록 하는 브랜딩이 필요하다. 그렇게 내원한 환자가 병원에 와서 기대한 바를 경험하고 만족할 수 있도록 하는 것까지가 진짜 브랜딩이다.

요즘에는 인터넷이 더욱 활발해지고 비대면 서비스로 전환되는 부분들이 많아지면서 배달이나 예약서비스 등을 핸드폰으로 간단히 해결할 수 있게 됐다. 병원도 예외는 아니었다. 환자관리 프로그램에서도 네이버 예약서비스를 연동시키도록 하고 있고, 소통 매체 중 하나인 카카오톡 채널도 연동하여 환자에게 더 신속하고 정확하게 응답함으로써 다양한 서비스가 가능하도록 하고 있다.

온라인 채널은 크로스 매칭으로 더 넓게 콘텐츠를 확산시킬 수 있는 특징이 있는데, 대표적으로 환자관리 프로그램과 카톡 채널을 연동하여 다른 매체에 올린 글의 링크를 활용해 환자에게 도움이 되는 정보나 알려주고 싶은 콘텐츠를 발행할 수 있다. 온라인상에서는 버튼 하나로 확산되기 때문에 그 정보를 받은 환자는 다른 환자에게 도움이 된다 싶으면 공유 버튼을 눌러 자연스럽게 우리 병원을 알리는 굿 마우스가 되어주기도 한다.

온라인상에 우리 병원을 노출해야 한다는 것이 중요하다는 걸 알았다면 직접 실천하는 것이 더 중요하다. 처음에 어떤 글을 올려야 할지 감이 안 온다면 환자에게 설명하고 있는 주의사항을 올리는 것부터 시작해보자. 그리고 하루에 하나씩 환자가 하는 질문을 수집하고 그 질문의 키워드를 뽑아 제목으로 활용하여 콘텐츠를 만들어보자. 처음엔 상위노출도 힘들고 조회수도 낮게 나올 수밖에 없을 것이다. '양질의 법칙'은 양이 결국 질을 만든다는 것인데, 우리 병원의 컨셉에 맞게 하나씩 게시글을 올리다 보면 환자를 병원에 내원하게 만드는 좋은 글들이 생길 것이다. 그러면 그 패턴과 콘텐츠를 질적으로 향상해나가야 한다.

이는 어렵지 않다. 예를 들어 우리 병원의 상담 프로세스를 올렸다면 다음 글에는 왜 그런 프로세스로 진행하는지, 우리 병원의 철학은 무엇인지, 이렇게 하면 환자에게 어떤 이득이 있고 무엇이 도움이 되는지를 추가해서 쓰는 것이다. 위에서 말한 1차, 2차 상담을 하는 이유에 대해서 쓴 것처럼 말이다. 비슷한 글이라고 하더라도 우리 병원만의 차별성을 담아 좀 더 디테일하게 작성하면 특별해진다.

콘텐츠를 발행하면서 통계를 분석하고 피드백하는 것도 중요하다. 이때 주의할 점은 조회수에 집착하는 오류를 범한다는 것이다. 100명이 읽고 10명이 내원하는 것과 3000명이 읽고 1명이 내원하는 것은 다르다. 너무 조회수에만 집착하지 말고 우리 병원이 보여주고자 하는 방향성이 잘 드러나 있는지, 프로모션이 제대로 되어 환자가 유입되고 있는지 살펴보자.

결국 병원에 필요한 것은 브랜딩이며, '환자가 병원을 검색하는 순간부터 우리병원이 어떤 병원인지 알고 내원하여 기대하고 온 바를 경험하게 하는 것'이라는 걸 잊지 말자.

| 5장 |

# SYSTEM _
## 우리 병원만의 내부시스템을 구축하라

병원의 비전을 세운다는 것은 곧, 병원이 존재하는 이유가 된다.
비전에 가까워지기 위한 과정을 걸으며 우리는 수많은 장애물을 만난다.
그 장애물을 넘어 효율적으로 환자를 돌볼 수 있는 환경을 만드는 것!
바로, 병원의 내부시스템을 갖추는 것이다.

# 1
## 어떤 병원을 만들고 싶은가?

큰 인형 안에 작은 인형, 그 안에 더 작은 인형이 들어있는 러시아의 전통 인형을 마트료시카라고 한다. 나는 언젠가 이 인형을 보면서 '크고 작은 모든 것이 삶과 닮아있다. 삶은 마트료시카 같다.'라는 생각을 했다.

병원도 마찬가지다. 어떤 병원을 만들지는 경영자의 마인드와 닮아있다. 1장에서 '무엇을 할 때 행복한지', '어떤 삶을 살고 싶은지'에 대한 질문에 답을 했다면 이번에는 질문을 좀 더 확장해서 '어떤 컨셉의 병원을 만들고 싶은가?'에 답을 해보자. 우리는 흔히 이것을 미션, 비전, 핵심가치라고 얘기한다.

미션은 직업(職業) 중 업(業)을 라틴어로 표현한 것으로 궁극적으로 어떤 존재로 기억되고 싶은지, 왜 그 일을 해야 하는지에 대한 이유가 된다. 미션이 산의 정상이라면, 비전은 정상에 도달하기 위해 달성하고자 하는 목표이다. 또한 핵심가치는 목적지를 향한 자세와 마인드를 말한다.

또한 비전은 나와의 약속이자 책임이다. 미션을 결정할 때는 행복과 의미를 모두 생각해야 한다. 여기서 행복이란 결과와 상관없이 이 일을 하는 과정에서 얻는 즐거움을 말하며, 의미는 내가 하는 일의 결과가 중요하다고 믿는 것을 말한다. 누구도 나와 우리 병원의 미션, 비전, 핵심가치를 알려줄 수 없으며 이는 각자의 가슴속에서 우러나와야 한다. 따라서 병원의 미션을 정할 때는 경영자(자신)의 특성을 먼저 알아야 한다.

내가 견학 갔던 서울 신림의 한 병원의 미션은 '의료계에 긍정적인 영향을 미치는 치과가 되자!'였으며, 비전은 '지역사회 최고 수준의 의료서비스 제공', 핵심가치로는 '성장과 배움, 열정, 경청, 열린소통, 팀워크'였는데 이 철학을 모두가 볼 수 있는 게시판에 게시해 놓았다. 또, 서울 은평구의 한 병원은 아침마다 병원의 철학이 담긴 '비전선언문'을 외치고 하루를 시작하기도 했다. 이처럼 병원의 철학은 구성원 모두가 함께 공유하고 인지하여 그에 따라 행동할 수 있도록 해야 한다.

신림에 위치한 병원은 조직문화가 잘 형성되어있어서 많은 병원 관련 종사자들이 일하고 싶고, 견학 가고 싶어 하는 곳이었다. 이 병원은 철학에 따라 매주 수요일이면 성장과 배움을 위해 미니 세미나를 열었고, 폐금을 수집하여 불우이웃을 돕고, 쌀도 기증하고 있었다. 또, 활발한 회의와 동아리 활동을 통해 서로 소통하고, 팀워크를 다지는 등 비전을 향해 나아가는 모습을 보여주고 있어 상당히 인상 깊었다.

새로운 직원을 채용하거나 시스템을 구축해 가는데도 병원의 철학은 큰 기둥이 되어준다. 지인 P는 개원병원에 실장으로 입사했는데 개원병원이다 보니 직원이 부족해서 채용공고를 내야 했다. 채용공고에 병원 소개, 복지, 원하는 인재상 등을 적기 위해 원장님께 우리 병원의 철학은 무엇이냐고 물었더니 '알아서' 적으라고 하셨다고 한다.

사실 '병원의 철학' 하면 뭔가 대단한 것이어야 할 것 같고 막연하게 들릴 수 있다. 이 병원의 원장님도 '어떤 병원을 만들어야지.'라는 생각은 하고 있었을 것이다. 다만 "철학이 뭐에요?"라는 질문에 명확하게 답할 '문장으로 된' 글이 없었을 뿐일 것이다.

P의 얘기를 듣고 나 또한 어떻게 하면 원장님이 병원의 철학에 대해 생각해볼 수 있는 질문을 끌어낼 수 있는지 궁금해져 코치님께 SOS를 쳤다. 코치님께서는 내가 강사과정을 할 당시를 떠올려주시며, 아무도 철학이 뭐냐고 물어보면 뭐라고 단정 지어 대답하기 어려울 거라고 말씀하셨다. 철학은 그 사람의 삶을 물어보는 것과 같다고 했다. 즉 "그래서 당신은 어떤 삶을 살고 싶으십니까?"를 묻는 것과 같다고 하시며 갑자기 상대에게 이런 질문을 하면 누구나 당황하기 마련이라고 했다. 따라서 이런 경우에는 어떤 컨셉의 병원을 만들고 싶은지, 어떤 성향의 직원과 함께 일하고 싶은지, 주력으로 하고 싶은 진료는 무엇인지 등의 질문으로 쉽게 다가가야 한다고 하셨다. 이런 질문에 답을 하다 보면 만들고자 하는 병원의 길이 명확히 열리고, 여기에 경험이 더해지면서 철학이 갖춰지면 그것이 그 병원의 브랜드가 되는 것이다.

회의를 하고 결과를 도출해 낼 때도 이 결과가 우리 병원의 컨셉에 유의미한 것인지 생각해볼 수 있고, 업무를 할 때나 심지어 환자를 응대할 때도 컨셉에 따라 달리해야 한다. 예를 들어주셨던 것 중에 와 닿았던 것이, 환자의 호칭도 무조건 'OOO님'이라고 하지 않아도 된다는 것이었다. 병원의 컨셉이 부모님을 대하는 것처럼 친근한 병원이라면 환자의 호칭을 '어머님, 아버님'이라고 할 수도 있고, 주로 사업가나 선생님, 자영업자들이 오는 병원에서는 '선생님'이라고 부를 수도 있다고 하셨다.

또 직원을 채용할 때도 우리 병원의 컨셉에 따라서 달라진다고 하셨다. 무조건 일을 잘하거나 적극적으로 나서서 병원 일을 해결하는 사람이 좋은 것이 아니라 채용하고자 하는 그 분야의 업무와 조직문화, 그리고 병원 컨셉에 따라 일은 좀 서툴더라도 성실한 직원을 채용할 수도 있고, 조금 불성실해도 일을 잘하는 직원을 채용할 수도 있다.

결국, 병원의 철학이 바로 서야 그에 따른 시스템도 이를 반영하여 명확해질 수 있다. 환자 또한 그 병원만의 문화를 브랜드로 받아들이고 계속해서 내원하게 하는 연결고리를 만들 수 있다. 어떤 행동이나 룰을 정할 때도 원장님의 경영 방향성(철학)을 바탕으로 의견을 조율해야 한다. 병원의 철학을 알지 못하고 행동하게 되면, 시스템을 갖춰가는 과정에서 이 길이 맞는지 흔들릴 수 있다. 환자도 '이 병원은 뭐하는 곳이지?'라는 생각과 함께 꼭 우리 병원에 와야만 하는 이유를 느끼기 어렵게 된다.

지금 우리 병원에 명확한 철학과 미션이 없다면 원장님께서 충분한 시간을 가지고 고민해볼 수 있도록 질문을 던지며 함께 찾아나가보자. 그렇게 우리병원의 방향성이 정해진 후에는 그 내용을 직원들과 공유하자. 그리고 그에 따른 우리 병원만의 기준과 룰을 정해보자. 내부시스템은 우리병원의 컨셉을 토대로 기준과 룰을 세우며 갖춰가는 것이다. 우리병원만의 시스템은 멀리있지 않다. 철학과 미션을 바로 세우는 것에서부터 시작이다.

# 2
# 우리 병원의 진짜 문제를 찾아라!

병원의 비전에 가까워지기 위해 노력하는 과정 중에 우리는 분명히 장애물을 만나게 된다. 그 장애물은 직원 간의 관계 문제이거나 환자를 케어하는 시스템의 문제 등 다양한 형태로 나타날 것이다.

앞서 3장에서의 치경부 마모증 컴플레인 사건은 나에게 많은 가르침을 주었다. 컴플레인에 어떻게 대처해야 하는지도 알게 했고, 진짜 문제를 바라볼 수 있도록 하는 계기도 되었다. 이 사건이 있기 전에는 문제가 발생한 현 상황에만 집중하고 해결하려 했었다. 현 상황에만 집중하여 해결한다는 것은 이런 것이다.

[치경부 마모증 재료가 떨어졌다고 환자가 컴플레인을 했다. → 사과한다. 다시 치료해드린다.]

아마 많은 병원에서 하는 실수일 것이다. 문제가 발생했으니 당연히 사과하고 다시 치료해드리는 것이 어쩌면 맞다. 하지만 이런 실수가 계속 반복되고 있다면 실수를 한 사람이 잘못된 것이 아니라 이런 상황이 발생할 수밖에 없는 구조적 문제를 찾아야 한다.

사과하고 다시 치료하는 것은 겉으로 보면 문제가 해결된 것처럼 보이지만 사실은 가짜 해결이다. 진짜 문제를 찾아야 한다. 나는 근본적인 문제를 찾기 위해 과거의 상황을 되짚으며 스스로에게 질문을 했다.

- 어시스트는 누구였는가?
- 상담은 누가 했는가?
- 환자가 치경부 마모증에 대해 이해하게끔 충분히 설명했는가?
- 치료 방법과 재료에 대한 특성을 이해할 수 있도록 환자의 눈높이에서 설명했는가?
- 진료가 끝나고 주의사항을 안내했는가?

그렇게 상황에서 한발자국 떨어져 되돌아보니, '재료의 특성에 대한 설명이 빠진 것'을 알게 되었다. 그리고 비슷한 상황이 다시는 생기지 않도록 하라는 코치님의 말씀에 대입해보니 치경부 마모증뿐만 아니라 '진료 전에 사전설명을 하지 않고 있다는 것'을 알 수 있었다. 이것이 바로 '진짜 문제', 즉 문제의 원인이었다.

내가 대표님을 따라 처음 모니터링을 갔던 곳은 항문 외과가 굉장히 유명한 종합병원이었다. 그중 한 파트의 대기실에서 모니터링을 하고 있었는데 한 직원이 30대 남자 환자에게 큰소리로 물었다.

"홍길동님 오늘 방귀 뀌셨어요?"

환자가 민망한지 머뭇거리자, 또 한 번 물었다.

"방귀 뀌셨냐구요! 말씀해주셔야 체크할 수 있어요!"

순간 환자가 가득했던 대기실에서 그 환자와 스텝에게 이목이 쏠렸고, 그 환자는 조그맣게 대답하고는 도망치듯 대기실을 벗어났다.

이 직원은 불친절한 것일까? 아니다. 정말 친절하게 질문했다. 환자의 방귀 여부에 따라 치료의 방향이 결정되기 때문에 당연히 체크해야 했다. 그래서 상냥하고 친절하게 큰소리로 물어본 것이다. 환자가 어떤 기분일지는 생각하지 않은 채 말이다. 컴플레인은 환자가 느끼는 주관적인 감정에 의해 발생하게 되는데 상대의 기분 나쁜 태도나 표정, 행동에서만 비롯되지는 않는다. 아무리 친절하게 웃으며 말을 한다고 해도 내가 기분이 나쁘면 그건 잘못된 행동인 것이다. 좀 더 깊이 생각했다면 환자에게 가까이 다가가 작은 목소리로 물어봤을 것이다. 물론 나는 모니터링을 통한 제3자의 입장으로 바라봤기 때문에 더욱 쉽게 문제가 될 상황이라는 걸 인식할 수 있었지만, 만약 내가 그 직원이었다면 나 또한 문제로 인식하지 못했을 것이다. 컴플레인이 발생하면 즉각 그 상황에서 빠져나와 제3자의 시선으로 바라봐야 한다. 상황 속에 빠져버리면 합리화라는 장애물이 나타나서 객관적인 시선으로 바라보기 어려워진다. '원래 잘하고 있는데 그 상황이 그렇게 못할 상황이었어.', '바빴으니까', '그 환자가 그렇게 얘기해서' 등 사람이라면 자연스럽게 나타나는 현상이다. 나를 보호하기 위해 반사적으로 합리화를 하는 것이다.

하지만 진짜 문제를 찾고 해결하기 위해서는 객관적인 제3자의 눈으로 바라보는 연습을 해야 한다. 그리고 위와 같은 질문을 하면서 시스템의 오류

인지, 그 사람의 성향 때문인지, 그때의 상황, 감정, 말투, 행동 등을 모두 되돌아봐야 한다. 질문에 대한 답을 찾다 보면 진짜 문제를 발견할 수 있을 것이다.

컴플레인이 사람의 말투나 행동, 표정, 감정 등에 따라 일어나는 경우가 많다면 클레임은 객관적 사실에 의해 발생하게 된다. 그래서 진짜 문제를 찾는 것이 좀 더 재미있다. 이는 치경부 마모증 사건처럼 과거로 돌아가 상황을 되짚으며 질문을 해보면 찾을 수 있는데, 많은 경우에 시스템의 부재가 원인이었다. '예약시스템이 제대로 갖춰있지 않아' 환자가 내원할 때마다 20분씩 기다려야 한다거나, 치경부 마모증 사건의 문제처럼 '꼭 해야 할 사전설명을 하지 않았거나'가 그 예이다.

클레임이 발생하는 문제를 찾기 위해서는 이것이 문제라고 정의 내릴 만한 기준이 필요하다. 애매한 것을 잘 받아들이지 못하는 나에게는 더욱이 기준이 필요했는데 그중 하나가 '환자의 알 권리'였다. 알 권리를 충족시키지 못하면 클레임이 발생하는 것으로 생각했다. 하지만 모든 클레임의 상황이 알 권리에 속할 수는 없었다.

환자의 알 권리란 [환자는 의료진 등으로부터 담당 의료진의 전문분야, 질병 상태, 치료목적, 치료계획, 치료 방법, 치료 예상결과 및 부작용, 퇴원계획, 진료비용, 의학적 연구대상 여부, 장기이식 및 기증 여부 등에 관하여 충분한 설명을 듣고 자세히 물어볼 수 있으며 이에 관한 동의 여부를 결정할 권리가 있다.]이다.

알 권리를 충족했는데 클레임이 발생했다면 그 시점과 방법을 확인해 봐야 한다. 한 번은 이런 일이 있었다. 치과에서 불소 치료를 하는 경우 한 시간 동안 물을 포함한 모든 음식물을 먹을 수 없다. 불소가 치아에 침투되는 시간이 필요하기 때문이다. 불소 치료를 하는 환자에게는 늘 하는 주의사항이기 때문에 그날도 주의사항을 안내했다. 알 권리를 충족시켰음에도 환자는 '미리 얘기하지 않았다. 미리 얘기했더라면 식사 약속을 변경했을 것이다.'라고 얘기했다. 분명 주의사항을 설명했음에도 이런 말을 들었다면 이런 질문을 할 수 있어야 한다.

"예약시간을 확인하고 미리 적절한 시점에 사전 안내를 했는가?"

만약 환자가 2시 예약이라면 이미 점심을 먹고 왔을 가능성이 크다. 그러면 진료 후 주의사항을 안내해도 큰 문제가 발생하지 않는다. 하지만 환자가 12시에 내원한 경우에는 미리 '1시간 동안 물과 식사를 할 수 없다.'라는 사실을 알려야 한다. 아니, 예약할 때부터 먼저 안내하고 예약시간을 조율했어야 했다. 그래야 환자가 점심 식사 시간을 고려해서 예약을 잡을 수 있다. 주의사항도 적절한 타이밍이 필요하다.

컴플레인이든 클레임이든 진짜 문제를 찾고 해결하기 위해서는 환자의 입장에서 생각해보는 것이 중요하다. 우리는 병원에서 일하는 사람들이기 때문에 그 상황에 매우 익숙해져있고, 그 분야의 지식도 환자보다 잘 알고 있다. 오히려 그렇기 때문에 문제가 발생하기도 한다.

우리는 이미 알고 있고 당연한 것이라고 생각하여 환자에게 설명해야할 것을 놓치는 상황, 환자보다는 나의 업무에 더 집중해서 정작 환자를 배려하지 않는 상황, 병원의 불편한 요소에 익숙해져서 불편한지 모르는 상황 등이다.

'내가 환자라면 이 상황에서 어떤 부분을 궁금해할까?, 불편함과 불안감을 어떻게 줄일 수 있을까?, 어떻게 하면 좀 더 우리병원을 신뢰하고 치료를 받으러 올 수 있을까?'를 늘 생각하며 환자를 대하고, 문제를 찾으며 시스템을 구축해나가야 한다. 그리고 이는 응대뿐만 아니라 시설, 진료 프로세스, 환자관리 시스템 등 전반적인 부분에 적용되어야 한다.

혹시 우리 병원에 비슷한 문제가 계속 발생하고 있는가? 그렇다면 그때그때 문제를 수습하는 것만으로는 절대 문제가 완전히 해결되지 않는다. 그 속에 숨겨진 진짜 문제를 찾아야 한다. '진짜 문제'는 객관적인 시선으로, 환자의 입장이 되어 바라보았을 때 찾을 수 있다. 합리화를 버리고 질문을 통해 찾아보자.

# 3
# 건강하고 행복한 병원을 만드는 힘!
# 회의문화

　직원 간의 관계가 원활하여 그것이 환자를 돌보는데에도 긍정적인 영향을 미치는 건강한 조직문화를 만들기 위해서는 무엇이 필요할까? 건강한 조직문화의 기본은 '소통'이다. 소통을 위해서는 문제점을 발견하고, 이를 의논하며 해결하는 자리가 필요하다. 특히 목소리를 내길 원하는 90년생, 2000년생 직원들과 함께 일하는 조직에서 창의적인 의견을 수렴하고 불만을 줄이기 위해서도 회의문화는 중요하다.

　내가 일했던 A병원에는 회의문화가 없었다. 그러다 보니 원장님은 중간관리자인 나에게 병원의 개선할 점에 대해 다이렉트로 얘기했다. 개선해야 할 것이 한두 개가 아닌데 지나가면서 툭 던지듯이 내게 말을 하면 나는 이 말들을 잘 정리해서 직원들에게 전달해야 했다. 그런데 회의문화가 없으니 전달할 방법이 없었다. 그렇다고 아무런 대책 없이 가만히 있을 수도 없었다.

　나는 어떻게 전달할까 고민하다가 아침 환자 브리핑 시간을 활용하기로 했다. 환자 브리핑이 끝나면 원장님의 전달사항을 마치 내 의견인 것처럼 전달했다. "원장님께서 이렇게 말씀하셨어요."라고 말하면 직원들이 싫어할 것 같았고, 회의를 통해 같이 의논한 것이 아니라 오해가 생길 것 같았기 때문이다. 그래서 내가 총대를 메고 전달했는데 다행히 대답을 잘 해주었다. 문제는 하루 이틀은 지키려고 노력하지만 다시 원래대로 돌아온다는 것이었다. 왜 이 일을 해야 하는지 명확히 몰랐고, 안다고 하더라도 동기부여가 되지 않았기 때문에 지속될 수 없었던 것이다. 어떻게 하면 해결할 수 있을까 또다시 며칠 동안 고민하다가 내가 먼저 지시하기보다는 스스로 답을 할 수 있도록 해야겠다고 생각했다.

여느 때처럼 아침 미팅이 끝나고 선생님들이 다 같이 모여 있는 자리에서 질문을 했다. 내가 질문을 하면 선생님들이 생각하고 답을 할 것이고, 스스로 대답했으니 그대로 실천하게 될 것이라 생각했다. 나름 설득 관련 책도 읽었고 세미나를 통해 스스로 대답할 수 있게 질문하는 것이 좋다는 것을 알고 있었기에 질문하면서도 나 스스로 만족하고 있었다.

"어제 보니까 컴퓨터 모니터에 전자차트가 열려 있더라구요. 환자분이 체어에 앉아서 열린 차트를 다 읽고 있었어요. 분명 모니터에 차트 열어두지 말고 창을 내려놓기로 했었는데 잘 안 되고 있어요. 어떻게 하면 잘 지킬 수 있을까요?"

"……."

대답이 없었고, 나는 다시 물었다.

"네? 어떻게 하면 잘 지킬 수 있을까요?"

"신경 쓰겠습니다."

내가 원하던 답은 아니었지만 어찌됐든 답을 들었기에 좀 더 신경 써달라고 말하며 아침 미팅을 마무리했다. 이후에도 문제가 발생할 때마다 선생님들에게 의견을 물었지만, 항상 말이 없었다. 답답한 마음에 코치님께 여쭸다.

"어떤 문제가 있을 때 제가 '이렇게 하자.'라고 말하면 지켜지지 않더라고요. 그래서 스스로 생각해보고 얘기하게끔 질문을 했는데 선생님들이 대답을 안 해요."

코치님께서는 당연하다고 말씀하셨다. 생각할 시간을 줘야 생각을 하는데 생각할 시간 없이 바로 물어보고 대답을 요구하니 그럴 수밖에 없다는 것이었다. 그 순간 아차 싶었다. 다음 미팅시간에는 피드백 해주신 대로 선생님들에게 생각해볼 시간을 줘야겠다고 생각했다. 그래서 오늘의 토픽을 먼저 정하고 질문을 하기로 했다. 아침 미팅시간에 미리 어떤 부분을 중점적으로 생각하면 좋을지 얘기하면 진료를 하면서 생각해볼 수 있을 테니 좋은 의견을 줄 수 있을 것으로 생각했다.

"우리가 차팅할 때 이런 부분을 놓치고 있는데 오전에 진료하면서 어떤 상황에서 놓치게 되는지 한 번 돌아봐 주세요."

그 후 오전 진료가 끝나고 점심을 먹으며 은근슬쩍 얘기를 꺼내 봤다.

"오전에 우리 차팅 하는 거 생각해보자고 했었는데 좀 어떠셨어요?"

그러자 "제가 진료를 보면서 느낀 것은, 손이 자꾸 바뀌니까 누락되는 부분이 있는 것 같아요. 손이 바뀔 때는 인계를 확실하게 해야 할 것 같아요."라며 선생님들이 한 명씩 자신의 의견을 얘기하기 시작하는 것이 아닌가! 코치님 말이 맞았다. 선생님들도 생각할 시간이 필요했다.

선생님들이 목소리를 내기 시작하면서 소통할 시간을 자주 갖게 되었다. 그러면서 자연스럽게 문제를 제기하면 그에 대한 의견을 내고 의논하는 조직문화가 스며들었다. 지금이 바로 회의문화를 도입할 적기였다. 코치님들께서는 회의문화에 익숙지 않은 A병원에 회의가 필요한 이유와 여러 기업의 사례들을 얘기해주면서 우리 병원에 맞는 회의방법을 의논해보도록 하셨다. 기본적으로 회의 날짜와 시간, 서기를 정했다. 어떤 것이든 실행이 되려면 실행할 사람이 직접 목소리를 내고 참여하는 것이 중요하다. 우리는 미리 안건을 알려주고 집에 가서 생각해본 후에 저연차부터 고연차까지 단 한 명도 빠짐없이 얘기하자는 룰을 정했다. 이 외에도 소요시간은 너무 길게 하지 말자, 회의시간에 핸드폰 하지 말자, 상대의 의견에 비판은 수용하되 비난은 하지 말자 등 각자의 의견을 회의의 룰에 반영했다.

회의를 진행하면서 놀랐던 점은 90년대생, 2000년대생 선생님들은 자신이 느끼는 감정과 문제에 대해서 굉장히 솔직하고 당당하게 표현한다는 것이었다. 문제를 제기하는 것에만 그치지 않고 그에 대한 해결방안으로 생각지도 못한 창의적인 아이디어를 낼 때는 정말이지 깜짝 놀랐다. 온전히 병원을 향한 충성심에서 느껴지는 애정이 아닌 비판적 사고에서 나오는 그들 나름의 애정도 느껴졌다.

≪90년대생이 온다≫ 책 속에서 요즘 90년대 생들은 자신의 의사 표현에

솔직하고 창의적이라고 얘기하는 부분이 있었는데 매우 공감했다. 회의문화를 통해 '요즘 직원'의 이런 특성을 잘 활용한다면, 그들 마음속 깊이 불만으로 자리 잡을 수 있는 생각들이 불만으로 표출되기 전에 회의의 안건으로 활용할 수 있을 것이다. 직원들의 창의적인 생각이 더 행복한 병원문화, 더 나은 병원문화를 만들 수 있다면 주저할 이유가 없다. 코치님께서 '같은 의견이라도 사석에서 나오면 불만, 회의에서 나오면 안건'이라는 말씀을 해주셨는데 이 말을 들으니 그 어느 때보다 지금 이 시대에 회의문화가 더 중요하게 느껴졌다.

참고로 회의를 진행하는 사람의 역할도 중요하다. 진행자는 회의가 산으로 가지 않도록 안건에 대해 명확히 인식하고, 머릿속에는 이상적인 목적지가 있어야 한다. 여기서 이상적인 목적지란 환자를 생각하는 동시에 우리 병원의 철학에 맞는 방향을 말한다. 의견을 얘기하다 보면 좋은 의견인데도 안 될 것 같다고 얘기하거나, 반대로 계속 불만만 토로하는 때도 있고, 의견이 삼천포로 빠질 때도 있다. 그런 상황에서도 회의가 길을 잃지 않으려면 회의를 운영하는 사람은 '문제', 그리고 '우리 병원의 철학'과 연결 지어서 생각하며 계속해서 그 방향으로 갈 수 있도록 안내해야 한다.

회의는 그 자리에서 얼마만큼 좋은 아이디어가 나오느냐도 중요하지만, 회의 후 실행에 옮기는 것이 가장 중요하다. A병원에 회의문화를 도입한 후, 회의가 끝나고 원장님께 보고를 드리면 원장님은 중간관리자와 충분히 의논한 뒤 우리 병원에 도입할 사항들을 결정했다. 회의를 통해 나온 의견이지만 반영되지 않는 부분에 대해서는 타당한 이유와 함께 선생님들에게 설명했다. 그동안은 우리의 의견이 반영되지 않아도 그 이유를 알지 못한 채 흐지부지 넘어가기 일쑤였다. 그런 일이 반복되면 '어차피 의견을 말해봐야 들어주지도 않잖아.'라며 더 이상 의견을 내지 않고 수동적인 분위기가 형성될 수 있다. 그런데 반영되지 않은 이유를 설명해주니 더 좋은 의견을 내려는 긍정적인 분위기가 형성되었다.

회의가 회의로만 끝나지 않으려면 언제부터 실행할 것인지 그 정확한 날짜와 실행한 뒤 재검토하고 피드백할 시기도 정해야 한다. 새로운 것을 실행하면 시행착오를 겪기 마련이다. 그러므로 직접 실행해보면서 아쉬운 점과 좋았던 점을 공유하는 피드백의 시간이 필요하다. 이 시간을 통해 좋은 것은 더 좋게, 부족한 점은 개선 및 보완하여 더 나은 시스템을 구축해 나가야 한다. 나는 회의시스템이 구축되는 모습을 보면서 컨설턴트 과정을 공부할 때 대표님이 "시스템은 한 번에 구축되는 것이 아니라 계획-실행-피드백-보완의 과정을 거치며 파이의 겹처럼 한층 한층 쌓아가야 합니다."라고 해주신 말씀이 생각났다.

우리는 회의문화를 통해 많은 것들을 함께 의논하고 구축해 나가야만 한다. 직원들이 스스로 움직이면서 자기 생각과 바람, 비전을 담아 얘기할 수 있는 자리가 바로 회의이다. 직원들이 애사심이 없다고 탓하기 전에 우리 병원의 회의문화는 잘 이끌어가고 있는지 돌아보며, 회의를 통해 나오는 직원들의 의견을 충분히 존중해주고 있는지 생각해보자.

# 4
# 업무의 스트레스를 낮추고 고효율을 내는 업무분장시스템

병원에 처음 출근하면 가장 먼저 하는 일이 환자 맞이 준비를 하는 것이다. 내가 B병원에 매니저로 첫 출근을 했던 날, 실장님은 나에게 대기실 정리하는 것을 알려주셨다. 다음날 출근해서 알려주신 대로 대기실 정리를 했는데 문득 돌아보니 실장님이 내가 한 일을 또 하고 있는 것이 아닌가? 처음엔 아직 둘째 날이니 같이 도와주시는 줄 알았다. 그런데 셋째 날에도, 넷째 날에도 계속되는 실장님의 행동에 내가 이런 간단한 일도 못 해서 체크하시는 건가 싶은 마음이 들어 조금 속상했다.

그래서 "실장님 제가 해도 괜찮아요. 제가 더 신경 써서 할게요."라고 말씀드렸더니 "아, 아니에요. 아침에 할 게 없어서 그런 거예요."라고 대답하시는 게 아닌가?

실장이라면 환자 리콜이나 보험청구, 상담 미동의 환자 체크, 오늘 진료할 환자차트를 보면서 누락된 건 없는지 확인하는 등의 업무를 하는 것이 일반적인데 그동안 데스크 청소 및 자잘한 업무들을 주로 하시다 보니 그것들을 내가 하게 되니까 순간 당황하셨던 것 같다. 워낙 사람이 좋으셔서 가만히 있기도 그렇고 하니 내가 하는 일을 그대로 하셨던 것이다.

진료실도 상황은 마찬가지였다. 할 일이 명확히 분배되어 있지 않고 담당자가 없으니 암묵적으로 매일 아침 자기가 해오던 것에만 신경 썼고, 본인이 해오던 부분이 아닌 경우에는 눈치를 보면서 하거나 아예 하지 않았다. 또 각자 어떤 할 일을 하고 있는지 모르니 팀장은 아침 업무가 제대로 되고 있는지 체크할 수도 없었다.

아침 업무뿐이었을까? 공동으로 사용하는 공간에 대한 관리도 이뤄지지 않고 있었으며, 기공물 재료와 관리는 담당은 있었지만 명확한 기준이 없었다. 또 부담당이 정해져 있지 않아 담당했던 사람이 월차를 쓰는 날이면 그 업무는 손이 비는 사람이 알아서 해야만 했다. 만약 바빠서 누락 되면 고스란히 환자의 피해로 돌아갔다. 제대로 된 업무분장이 필요해 보였다.

일전에 A병원에서도 비슷한 상황이 있었다. 그곳도 아침, 점심, 퇴근 시 할 일의 담당자가 정해져 있지 않아 저연차 선생님들에게 업무가 가중되어 있는 상태였다. 따라서 나는 코치님들의 시스템 세팅에 따라 해야 할 일들의 목록을 나열하고 분배한 뒤 선생님들과 의논하여 담당과 부담당을 정했다. 팀장은 아침 업무가 잘 이행되고 환자를 맞이할 준비가 잘 됐는지, 퇴근 시 할 일들이 제대로 잘 마무리가 됐는지 진료실을 돌아보며 체크할 수 있도록 체크리스트를 만들었다.

A, B 병원 모두 원장님의 성향과 직원들의 성향, 직원들의 수와 업무, 세팅한 시스템이 달랐기 때문에 코치님들이 업무분장에 다르게 접근하긴 했지만, 핵심은 비슷했다. 많은 병원에서 업무의 난이도에 따라 어려운 것은 팀장, 쉬운 것은 저연차 담당으로 나눈다. 물론 경력에 따라 달라지는 업무들이 있다. 하지만 그것만으로 분류하지는 않는다. 직원들의 성향과 업무 포지션에 따라 달라지거나 업무분장 후 이에 맞는 직원이 있다면 그 직원의 포지션이 변경되기도 한다.

하지만 업무분장이 잘 이루어졌다고 해서 진료가 원활하게 돌아가는 것은 아니다. 업무분장과 함께 진료프로세스, 동선, 시스템이 함께 도입되어 돌아가야 업무분장이 효력을 발휘한다.

예를 들어 우리 병원은 임플란트 환자를 주력 진료로 보고 고급응대로 차별화하기 위한 시스템을 구축한다고 하자. 그러면 환자를 모시는 것부터 수술 후 마무리까지 일반 환자와 다른 프로세스를 구축하게 되고, 그 접점에 필요한 업무 포지션이 생길 것이다. 그러면 누가 맡을 것인지, 어떻게 응대를 하고 어떻게 기록하며 인계할 것인지에 따라 업무가 달라진다. 하지만 애초에 우리 병원은 차별화 없이 모든 환자를 똑같이 보고 있다면 그런 포지션은 필요가 없다.

그렇기에 업무분장은 말 그대로 '업무만 나누는 것'이 아니라 시스템이 동반되어야 한다. 이런 점에서 코치님들이 하나, 하나씩 만들어서 연결해가는 것을 보면 놀랍기도 하다. '왜 이렇게 하는 거지? 저렇게 하면 되지 않나?'라고 생각했던 것들이 모두 이유가 있었고 나중에는 하나로 이어지는 것을 보면 대단하시다는 생각이 든다. 나는 마치 장님이 코끼리의 다리와 꼬리, 귀를 만지며 서로 다른 것을 생각한 것처럼 코끼리의 전체모습을 보지 못하고 다리와 코만 보고 있었다. 하지만 이러한 경험들 덕분에 좀 더 깊이 있게 들여다보면서 생각을 확장시킬 수 있는 기회가 된 것 같아 늘 감사하다.

시스템과 진료프로세스가 어느 정도 정돈이 되면 업무분장을 함께 진행할 수 있다. 먼저 어떤 업무들이 있는지 쭉 나열해서 써보고 체어 닦기, 비품 채우기처럼 간단한 것들은 한 사람에게 가중되지 않도록 나눠야 한다. 이때 할 일을 지정해주기보다는 구성원들이 모여 의논하며 업무를 맡을 수 있도록 하고, 단순 업무라면 로테이션하며 업무를 교체하는 편이 좋다. 이렇게 하면 구성원들 모두가 병원의 할 일에 대해 알게 되고 공평하게 업무를 나눴음에도 자기의 일이 많다고 투정 부리는 일이 적어진다.

또, 업무를 이행할 시간도 명확하게 정해놓는 것이 좋다. 매일 하는 일이 있으면 주에 2, 3회만 하는 업무도 있을 것이다. 이 중 띄엄띄엄하는 일에 대해서 놓치거나 계속 미루게 되는 경우가 많은데 'O요일 O시 O분'에 이 업무를 할 것이라고 정해두면 그 일을 놓치게 되는 경우가 줄어든다. 미룬다고 할지라도 오늘 해야 할 일을 못 한 것이니 기한없이 미루는 일이 없어진다.

재고관리, 기공물 관리, 콜 관리 등은 중요도에 따라 담당을 정하는 것이 좋다. 담당을 정했다면 부담당도 정해야 한다. 단순 업무도 마찬가지다. 담당이 부재중일 경우에 업무를 대신해줄 사람이 필요한데 부담당이 그 역할을 대신할 수 있다. 그러려면 업무에 대한 매뉴얼이 필요하다. 매뉴얼에는 그 일을 어떻게, 어떤 순서로 해야 하는지부터 체크해야 할 사항, 주의해야 할 사항 등을 포함하여 누가 봐도 그 매뉴얼대로만 시행하면 누락 없이 관리될 수 있도록 최대한 디테일하게 적어야 한다. 예를 들어 컴퓨터를 켜는 일을 해야 한다고 하면, '매일 아침 출근하자마자 컴퓨터를 켜고 환자관리 프로그램을 켠다.'처럼 그 업무의 범위가 컴퓨터만 켜는 것인지, 프로그램까지 켜는 것인지, 또 언제 하는지도 같이 적어야 하는 것이다.

한편 업무를 나누면 직원들이 익숙지 않아서 혹은 너무 익숙해서 빠뜨리거나 소홀히 하는 경우가 있다. 그러므로 누군가는 담당한 업무가 잘 이행되고 있는지 체크리스트를 만들어 체크해야 한다. 체크해야 할 항목들을 나열하고 해당 업무가 마무리되는 시점에 이행되었는지 확인하는 것이다. 아침, 점심, 퇴근 시 할 일처럼 매일 체크해야 하는 부분도 있지만, 재고관리같이 주기적으로 체크해야 하는 부분도 놓치지 않도록 해야 한다. 다만 재고관리, 기공물 관리 같은 경우 담당이 있는데 세세하게 체크하면 간섭을 받는다고 느끼거나 담당에 대한 책임감과 사기가 떨어질 수 있으니 주의한다.

담당이 있는 업무에 대해서는 꼭 확인해야 하는 날짜를 정하고 팀장이나 실장에게 보고하게 하는 방법이 있는데, [매달 넷째 주 월요일은 재고 파악하는 날, 매달 넷째 주 수요일은 주문하는 날] 같은 식으로 정하여 담당하는 사람도 놓치지 않고 체크하고, 만일 담당하는 사람의 보고가 없을 때는 '이번 달 재고 파악은 다 됐나요?'와 같은 질문으로 간단하게 체크할 수 있다.

업무분장이 잘되어있지 않을 때는 한 가지 일을 여러 사람이 하는 비효율적인 일이 발생하거나, 책임이 없다 보니 어떤 일에 대해서는 나 몰라라 하는 경우도 생길 수 있다. 업무분장만 잘되어있어도 같은 시간에 고효율을 낼 수 있고, 책임자가 있으니 관리가 훨씬 더 수월해진다. 직원들도 자신이 맡은 업무에 충실하면 되니 괜히 눈치를 보게 되는 일도 줄어들고 책임감이 높아진다. 또 그 일에 대한 애정이 생기기도 한다. 업무분장이 되지 않아 뭔가 분주했던 상황이 정리되면 우리는 더 중요한 환자관리에 신경 쓸 수 있다.

그동안 우리 병원의 업무분장이 제대로 되어있지 않아 어수선했다면 먼저 아침, 점심, 퇴근 시 할 일을 나누는 것부터 시작해보자. 회의를 통해 함께 고민해보는 시간을 갖는다면 서로의 업무에 대해 깊이 이해하는 시간 또한 가질 수 있을 것이다.

# 5
## 우리 병원만의 내부시스템을 구축하라

무언가를 바꾸거나 새로 도입하려고 할 때 직원들이 잘 따라주면 좋겠지만 그렇지 않은 경우들이 많다. 곧바로 도입될 수 없는 것은 어쩌면 당연하다. 누구에게나 새로운 것에 적응하기란 어려운 일이기 때문이다. 그러므로 새로운 것이 충분히 받아들여지려면 기존의 생각과 시스템을 조금씩 바꿔가면서 접근해야 하며 때론 기다려줄 줄도 알아야 한다.

코치님이 업무분장을 완료하고 이미 교육을 한 상태였던 B병원에서 나는 세팅된 업무분장이 잘 이행될 수 있도록 관리해야 했기에 팀장님과 대화를 나누었다.

"어차피 이렇게 해봤자 지금처럼 그대로일 텐데 뭐하러 하는지 모르겠어요. 시간 낭비 같아요."

팀장님의 말을 듣자마자 답답함이 느껴졌다. 왜 시행해보지도 않고 그대로일 것이라 생각하는지 알 수 없었다. 실행하는 건 본인인데 그렇다는 건 애초에 실행하겠다는 마음조차 먹지 않았다는 것인지 도저히 이해가 되지 앉았다. 하지만 내 마음대로 판단하지 않겠다고 다짐했던 터라 잠시 마음을 가다듬고 팀장에게 물었다.

"왜 그대로일 거라고 생각하시는 건가요?"

"예전에도 이렇게 정했었는데 결국 그대로였어요. 지켜지지도 않았고 시간 낭비였다고요."

B병원은 이전에도 컨설팅업체의 손이 여러 번 거쳐 갔던 곳이었다. 팀장은 무언가를 새로 하는 것에 대해 지쳐있는 듯 보였다. 새로운 것을 도입할 때 충분히 설명하지 않거나 일방적으로 하게끔 하면 그 시스템은 실행될 수 없다. 시스템을 사용할 직원들이 충분히 이해하고 활용할 수 있도록 맞춤 시스템을 만들어가야 한다.

당시 B병원은 이전에 업무분장이 왜 필요한지, 우리 병원에서는 어떤 방향으로 진행할 것인지, 지금 과정이 왜 필요한 것인지에 대해 코치님이 두 번의 교육을 했고 시스템 방향도 잡힌 상태였다. 그런데도 의문을 제기한 팀장에게 나는 과거 팀장과 같은 상황과 마음을 겪었던 경험과 함께 시행했을 때 변화하게 되는 것과 지금 우리 병원에서 발생하고 있는 문제점, 이 과정이 필요한 이유, 이 과정을 구축하면 어떻게 작용하는지에 대해 얘기했다. 나의 이야기에 약간은 이해가 갔는지, 팀장은 알겠다고 말하며 같이 그 과정을 구축하고 실행하기로 했다.

업무분장 외에도 새로운 시스템이 도입되면서 완전히 세팅되기까지 여러 번의 변화가 있었다. 기존에는 데스크에서 예약을 잡고, 주의사항을 설명하고, 다음 진료는 어떻게 진행해야 하는지 포스트잇을 작성해서 전달하고, 포스트잇에 적혀져 나온 차팅을 전자차트로 옮기고 수정하는 일을 했다. 거기다가 환자 상담까지 했으니 실장님 혼자서 다 하기에는 벅찰 수밖에 없는 구조였다. 그래서 진료실 전담 체제로 변경하는 과정 중에 있었다. 차팅과 청구 시스템은 빠르게 정착돼서 데스크 업무가 조금 줄어들긴 했지만 여전히 선생님들은 하루 이틀 잘 시행하다가도 바쁘다는 이유로 예약과 주의사항 설명을 데스크로 넘겼다.

여기에 실장님도 그런 선생님들을 안쓰럽게 바라보며 바쁘면 데스크로 넘기라고 너무나도 당연하게 얘기하는 것이 아닌가. 환자가 정말 많이 밀려있는 상황에서는 어쩔 수 없지만 이런 상황이 계속 반복되면 시스템은 바뀔 수 없다. 시스템이 실행되지 못하는 이유를 찾아 수정해야 했다. 코치님들께서는 예약과 주의사항까지 설명하는 체어 타임을 생각해서 예약을 잡도록 하셨다. 지금 이 시스템이 잘 이뤄져야 진료실에서도, 데스크에서도 각자의 자리에서 환자관리에 집중할 수 있게 된다고 말하며 혹시라도 시행하며 의견이 있으면 얘기해달라고 했다.

기존의 방법이 익숙한 직원들은 신경 써서 한다고 하더라도 현재의 방법에 익숙해지기까지 간혹 빠뜨리는 부분이 생긴다. 그래서 누군가는 시스템이 잘 실행되고 있는지 체크하는 것이 필요하다. 체크를 했다면, 실행하는 사람이 인지하고 직접 할 수 있도록 해야 한다.

진료실에서 하기로 했던 진료별 환자 분리 기록이 잘되지 않는 것을 확인했다. 하루 이틀은 체크하던 내가 직접 환자 구분을 했는데, 이 시스템은 진료실에서 해야지, 내가 계속하다가는 보완해야할 부분도 체크하지 못할 뿐만 아니라 이 시스템이 제대로 자리 잡지 못할 것 같았다. 그래서 아침 미팅 시간에 선생님들께 환자 분리 기록에 신경 써달라고 말씀드렸다. 그리고 점심, 퇴근 시간마다 확인해서 환자 분리 기록이 안 되어있으니 확인해달라고 얘기했다. 말하면서도 혹시나 잔소리 같지는 않을까, 불편하진 않을까 우려되었으나 다행히 본인들의 업무라고 생각하고 있어서 크게 불만은 없었다. 한 번에 몰아서 하는 것이 비효율적이라는 것을 느꼈는지, 그 뒤로부터는 그때그때 잘 체크해서 기록해주었다.

시스템을 시행하다 보면 시뮬레이션을 충분히 해보고 도입한 것이라고 할지라도 직접 시행해본 사람이 개선사항이나 더 좋은 아이디어를 낼 수 있다. 그래서 코치님들은 시뮬레이션 후 시스템을 세팅하더라도 직원들이 직접 시행해보게 한 뒤 의견을 묻는다. 이때 불편함이 있으면 보완하고, 좋은 아이디어가 있으면 가고자 하는 시스템과 방향이 맞을 시 반영하여 진행한다. 이런 의견은 실행해보지 않고서는 절대 나올 수 없다.

새로운 것은 처음에는 두렵다. 하지만 시스템을 도입하고자 할 때 무조건 '안 될 거야'라는 생각으로 시행하지 않는 것보다는 일단 해보고 나서 그래도 안 된다면 왜 안 되는지, 어떻게 하면 좋을지 의견을 말할 수 있도록 분위기를 형성하는 것이 필요하다. 그렇지 않으면 절대 변화할 수 없다. 한 병원에서는 '무조건 안 된다고 하지 말고, 일단 해보고 말하자.'라는 룰을 정하기도 했다고 한다.

무엇이든 새로운 것을 할 때는 설렘과 함께 두려움이나 반감도 생기기 마련이다. 그럼에도 불구하고 그것을 받아들이고, 보완하며 개선하다 보면 우리 병원에 맞는 최고의 시스템을 갖추게 될 것이다.

# 6
# 살아있는 매뉴얼 VS 죽은 매뉴얼

　B병원을 마무리하기 석 달 전, 원장님은 나에게 왜 아직도 병원의 매뉴얼이 완성되지 않은 것이냐고 물으셨다. 그 병원은 과거에도 2-3곳의 컨설팅 회사를 거쳤던 곳이었다.

　과거의 컨설팅은 진료, 응대의 정석 같은 FM 매뉴얼을 만들고 그것에 행동을 끼워 맞추는 교육을 진행하는 것이 대세였다고 한다. 따라서 대표님도 10년 전에는 그렇게 컨설팅을 했었지만 이제는 시대가 바뀌어 다른 병원의 매뉴얼로는 우리 병원에 적용할 수 없다고 하셨다.

　10년 전만 하더라도 병원 중심의 진료가 통하는 때였다. 하지만 이제는 시대가 바뀌었다. 환자들은 이미 많은 서비스를 경험하고 있고, 병원에도 높은 기대치를 가지고 방문한다. 이런 상황에서 과거처럼 매뉴얼에 병원을 맞추는 식의 컨설팅은 몸에 맞지 않는 옷을 입는 것과 같다.

　또한 이제는 환자가 병원을 선택, 평가하고 리뷰를 남겨 불특정 다수에게 알리는 시대이다. 정형화된 매뉴얼 대로만 행동하면 관심과 케어를 받지 못하는 느낌을 줄 수 있고, 매뉴얼이나 기준이 없으면 환자는 직원 개개인의 성향에 따라 다른 서비스를 받게 된다. 같은 병원 안에서 직원마다 다른 응대를 받게 되면 환자는 혼란스럽고 불편하며 불안하다.

병원에는 늘 크고 작은 문제들이 발생한다. 이때 병원 내부에서 바라보면 인지하지 못하는 경우가 많다. 오랫동안 병원에서 일하면서 자연스럽게 젖어 들어 보이지 않거나, 보이더라도 '어쩔수 없어.'라며 이해하게 되는 것이다. 입사한 지 얼마 안 된 신입에게 병원의 문제가 잘 보이는 것은 이 때문이다. 그러다 보니 자꾸 눈앞에 보이는 현상에만 집착하고 '진짜 문제'는 찾지 못한 채 가짜 문제 해결에만 몰두한다.

내가 저연차였을 때도 매뉴얼이 유행하고 있었다. 매뉴얼 세미나를 듣고 신입직원을 교육하기 위해서 진료 매뉴얼을 만들었는데 그것을 보고 대표님께서는 이렇게 하는 게 아니라고 하셨다. 당시에는 무슨 말인지 몰랐지만 다온이 직접 컨설팅하는 병원에서 내부시스템을 갖춰가는 것을 경험하고, 직원들과 함께 매뉴얼을 완성해가며 무슨 뜻인지 이해하기 시작했다.

코치님들은 '살아있는 매뉴얼'을 강조하신다. 맞지 않는 옷은 결국 옷장 안에 묻힌 채 빛을 보지 못하는 것처럼 정형화된 매뉴얼은 죽은 매뉴얼이 되어 아무도 꺼내 보지 않는다. 내용이 너무 좋다는 것을 알지만 우리 병원에 적용하기에는 불편하고 맞지 않기에 버릴 수는 없고 그저 장식품이 되어 버리는 것이다. '살아있는 매뉴얼'을 만들기 위해서는, 먼저 진짜 문제를 찾아야 한다. 그리고 이를 개선하고 보완하는 내부시스템을 구축해야 한다. 이 과정이 가장 중요한데, 직원들의 사기를 떨어뜨리지 않으면서 컨설팅이 마무리 되어도 자생력있고 지속적으로 성장할 수 있는 시스템을 구축하기 위해서는 그만큼의 시간과 노력이 필요하다. 사실 내부시스템만 구축되면 매뉴얼은 일주일 만에도 만들 수 있다. 실제 글로 적혀있는 매뉴얼보다 더 중요한 것은 병원의 기준을 세우고 가장 효율적으로 움직일 수 있는 내부시스템을 구축하는 일이다.

다온은 매뉴얼을 만들기에 앞서 내부시스템을 구축할 때 원장님이 추구하는 병원의 모습과 스타일 등을 고려하여 모듈을 짜고 기획한다. 즉 원장님께서 만들고자 하는 병원의 모습에 맞춰 직원의 포지셔닝, 업무 스타일, 응대도 달라진다. 그리고 그 과정에서 함께하는 직원들 또한 행복하게 일할 수 있도록 그들이 하고 싶은 것, 병원에 기여한 바, 기여할 바, 직원 간의 관계, 심리상태 등을 고려하고 배려한다. 병원에 맞는 옷을 디자인하는 과정이다. 멋진 슈트를 만들면서 이 슈트를 입고 뛰었을 때도 불편하지 않은 맞춤형 내부시스템을 갖추는 것이다.

이때도 강조하셨던 것은 '그들이 스스로 했다.'라고 느끼게 해야 한다는 것이었다. 지시하는 대로 행동하도록 하면 그들은 성취감도 느끼지 못할뿐더러 스스로 할 수 있는 힘을 가지지 못한다고 하셨다. 시스템을 가이드했던 누군가가 병원을 떠나면 완전히 전처럼 돌아가지는 않겠지만, 정체되거나 행동하지 않게 된다는 것이다. 그래서 내부시스템을 구축할 때는 각자의 역할을 부여하고 스스로 시스템을 갖춰갈 수 있도록 가이드하며 피드백할 수 있어야 한다.

내부시스템이 갖춰졌다면 다음은 그것을 문서화 할 차례이다. 이때도 마찬가지로 스스로 하게 하는 것이 중요하다. B병원을 마무리하며 매뉴얼을 완성하려던 때에 코치님께서 이렇게 말씀하셨다.

"매뉴얼 또한 그들이 만드는 방법을 알고 계속 업데이트할 수 있게 동기를 부여하는 것이 중요해요. 만드는 방법과 왜 해야 하는지, 앞으로 어떻게 해야 하는지 알려주고, 스스로 할 수 있게 도와주세요."

내부시스템이 갖춰져 있는 상태에서 매뉴얼을 만드는 것이니, 지금 행동하는 것을 그대로 문서화 하는 일이 어렵지 않게 느껴질 수 있다. 그런데 생각보다 우리는 '지식의 저주'에 빠지는 경우가 많다. 내가 이미 알고, 또 행동하고 있으니 상대도 알 거라고 간과하는 것이다. 매뉴얼을 만들 때는 인수인계하듯 사소한 것도 기록되어야 하고, 누가 봐도 이해할 수 있어야 한다. 또한 정기적인 업데이트도 필요하다.

모든 것이 그렇듯, 완벽한 것은 없다. 완벽을 향해 항상 나아가야 한다. 마찬가지로 내부시스템이 갖춰져 있다고 하더라도 상황에 따라 일부가 수정될 수 있다. 당연하다. 세상이 변하면 그에 따라 시스템도 유연하게 변화되어야 한다. 그리고 수정된 내용을 매뉴얼에도 반영할 수 있어야 한다.

직원들이 평생 한 병원에 남아 있다면 정말 좋겠지만 그것은 쉽지 않다. 아마도 평생 그 병원에 남아 있는 사람은 원장님밖에 없을 것이다. 직원이 바뀌더라도 원장님이 추구하는 방향에 따라 세팅된 내부시스템을 유지하는 방법 중 하나가 매뉴얼이다. 누가, 언제, 어떻게 해야 하는지 가이드라인 역할을 해주는 매뉴얼이 있으면 직원이 바뀌어도 시스템을 유지할 수 있다.

'살아있는 매뉴얼'을 갖추기 위해서는 먼저 내부시스템을 구축하는 것과 매뉴얼을 만드는 것 모두 그들 스스로 하게 해야 한다는 것을 잊지 말자!

# 7
## 신입직원 매뉴얼, 이거면 돼!

경력직이든, 신입이든 새로운 병원에 취직하게 되면 업무가 익숙지 않아 허둥지둥하기 마련이다. 특히 원장님과 손을 맞춰야 하는 진료실에서는 직접 환자를 응대해야 하기에 긴장될 수밖에 없다. 한 원장님의 스타일에 겨우 익숙해지더라도 여러 명의 원장님이 계시는 병원의 경우 원장님마다 진료 스타일이 달라 더욱 적응하기 어렵다. 모르는 게 당연한 건데도 막상 진료할 때는 서로 예민해지니 원장님과 동료의 눈총을 받는 경우도 있다. 이때 신입직원이 우리병원에 빠르게 적응하도록 돕는 방법 중 하나로 신입직원 매뉴얼이 있다.

D병원은 환자는 많은데 일손이 부족해 바쁜 상태였다. 그래서 출근하자마자 병원의 루틴이나 원장님의 진료 스타일도 제대로 파악하지 못한 채 바로 진료에 투입되었다. 처음 온 직원에게 소리칠 수는 없으니 원장님은 깊은숨을 내쉬면서 이럴 땐 이걸 주면 된다고 알려주시며 손발을 맞춰나갔다. 그렇게 직접 몸으로 부딪쳐가며 배웠다.

반면 A병원은 첫날부터 부팀장이 기구의 위치와 진료 준비하는 것을 알려줬고 이후 틈틈이 진료를 보며 새로운 기계들과 진료, 원장님 진료 스타일에 관해 설명을 해주었다. 덕분에 좀 더 빠르게 적응할 수 있었다.

내가 A병원에 입사하고 얼마 지나지 않아 1년 차 신입직원을 구인하려던 때, 코치님은 신입직원 교육 항목을 만들어보라고 하셨다. 나는 신입직원 교육을 했을 때 어떤 항목을 알려주면 좋을지 나열해서 보여드렸다. 대표님이 보시고 이 항목에는 어떤 내용을 알려줘야 하는지, 언제 알려줄 것인지 디테일하게 적어보라고 하셨다. 그래서 100개 정도 되는 항목에 꼭 알려줘야 할 내용과 며칠 차에 알려줄 것인지를 추가했고, 누가 알려줄 것인지도 함께 써넣었다. 그리고 신입직원이 들어왔을 때 해당하는 날짜에는 그 항목만 교육하도록 했다. 물론 상황에 따라 약간의 변동은 있었다. 1차 교육이 마무리된 후에는 교육받은 사람이 교육한 사람에게 다시 브리핑하며 확인하는 과정을 거쳤다.

그렇게 병원에 막 적응해가고 있을 때 코치님은 내게 다른 병원과 이 병원의 차이점을 적어보라고 하셨다. 그땐 이렇게 적어둔 차이점이 나중에 어떻게 활용되는지 알지 못하고 그저 기록한다는 의미로 적었다.

신입직원이 입사한 후 얼마 지나지 않아 경력자 구인공고를 냈다. 그리고 신입직원 때와 마찬가지로 경력자 교육 커리큘럼을 짰다. 나는 경력자 교육 커리큘럼을 짤 때 입사 초창기 적어뒀던 이 병원의 차이점을 참고했다. 이 차이점은 병원에 적응하게 되면 잊힐 수도 있는 부분들이었는데 과거에 적어뒀던 메모를 보며 수월하게 내용을 채워 넣을 수 있었다. 경력직 직원의 경우에는 이미 진료에 대한 이해가 있기 때문에 1년 차 신입직원 교육처럼 기본적인 항목이 아닌 병원의 차별점 위주로 항목을 구성했다. 그때 당시에는 차별점을 왜 적으라고 했는지 이해하지 못했는데 이렇게 활용되는 것을 보고 '아!'하고 무릎을 쳤다. 시스템이란 이렇게 유기적이라는 것을 한 번 더 깨닫는 계기였다. 그렇게 시스템이 한 번에 갖춰지지 않듯, 신입직원 매뉴얼도 수정과 보완을 하며 조금씩 완성되었다.

이후 이직한 B병원도 신입직원 교육 매뉴얼이 갖춰져 있지 않았다. 이제 막 신입직원이 쓴 실습일지로 커리큘럼을 짜고 있던 시기였다. 나는 병원 내 시스템이 잘 정착될 수 있도록 돕는 매니저 직급으로 입사했다. 우선 데스크 업무를 먼저 익혀야 했기에 데스크 포지션에 있었는데 첫날부터 실장님이 온갖 데스크 업무를 다 알려주시는 것이 아닌가? 첫날이라 병원의 구조도 잘 모르고 선생님들 이름도 잘 모르는 상태에서 업무를 알려주니 당연히 잘 기억할 리가 만무했다. 분명 알려준 것임에도 기억하지 못하고 되묻기 일쑤였다. 그나마 이전 병원과 같은 프로그램을 사용하고 있었고 비슷한 시스템을 갖추고 있어서 빠르게 적응할 수 있었지만 신규 직원이었다면 지레 겁을 먹고 도망갔을지도 몰랐다.

몇 주 후, 데스크 코디네이터를 구인했다. 그때까지도 데스크 업무 매뉴얼이 갖춰져 있지 않은 상태였다. 실장님은 내게 알려줬던 것처럼 하루 만에 모든 것을 다 알려주려고 하셨다. 직원이 이해했는지 확인도 하지 않고 일하는 틈틈이 시간이 되는대로 쉴 새 없이 새로운 정보를 알려주는데 직원의 모습이 불안해 보였다. 예상대로 신입직원은 2주를 넘기지 못하고 결국 퇴사했다.

그 후 코치님의 코칭을 받으며 데스크와 진료실의 신입직원 매뉴얼을 갖춰나갔다. 이 과정에서 실장님과 팀장님에게 신입직원 매뉴얼을 어떻게 구성해야 하는지, 또 어떤 효과가 있는지 얘기해주다 보니 신입직원 매뉴얼의 중요성과 매력이 더 크게 와 닿았다.

병원마다 환자를 접수하고, 진료실로 모시고, 응대하고 수납하는 프로세스는 조금씩 다르다. 진료실 내에서도 원장님의 스타일이나 성향, 재료, 장비에 따라 사용법과 어시스트의 방법이 달라진다. 따라서 여기서 가장 먼저 알아야 할 것이 무엇인지, 기본이나 핵심이 무엇인지를 먼저 정해야 한다. 그래야 신입직원 매뉴얼의 커리큘럼을 구성하기 쉽다.

예를 들어 우리 병원은 진료실 위주로 차팅과 청구를 모두 하는 컨셉이라면 먼저 차팅을 보는 방법과 차팅하고 청구하는 방법, 환자 예약을 잡아주는 방법이 들어가야 한다. 이때 경력직 직원이라면 이 부분을 먼저 교육해도 되지만 신입직원이라면 먼저 병원에 적응할 수 있도록 어시스트 하는 방법에 좀 더 중점을 두어 진료별로 어떤 재료와 기구를 준비해야 하는지, 그 기구와 재료의 특성은 무엇인지를 먼저 알고, 차팅 보는 방법을 알려주어 넥스트를 보고 준비할 수 있도록 교육해야 한다.

커리큘럼을 짰으면 누가 교육할 것인지, 언제 할 것인지도 명확하게 기록해야 한다. 그래야 담당자가 사전에 미리 준비해서 교육할 수 있고, 커리큘럼에 항목이 나열되어 있으니 잊지 않고 빠짐없이 알려줄 수 있다. 또 1차적으로 교육만 하고 끝이 아니라 2차로 확인할 수 있는 날짜도 기록해야 하는데, 이는 실제 알려준 것을 얼마만큼 이해하고 알고 있는지 점검하고, 부족한 부분은 채우면서 단단하게 만들어가기 위함이다.

신입직원 매뉴얼은 수습 기간 동안 교육받으면서 병원에 적응하며 우리 병원의 시스템을 이해시킬 수 있는 도구이다. 커리큘럼을 어떻게 짜느냐에 따라 달라지겠지만, 보통 신입직원의 경우 1차 교육은 20일, 2차 교육은 10일로 구성하여 교육했다. 교육하는 동안 일지를 작성하며 피드백을 하고, 직접 수행해보며 옆에서 피드백하니 확실하게 인지한 상태에서 업무를 진행할 수 있었다. 과하지 않은 항목으로 커리큘럼을 짜면 교육자도, 교육받는 사람도 부담이 없다.

또, 항목마다 교육자가 달라지니 교육을 통해서 신입직원과 기존 직원 간의 라포도 형성된다. 각자의 일에만 몰두해 있다 보면 특별한 접점이 없는 경우 서로 대화하는 게 쉽지 않을 수 있는데 교육을 하면서 자연스레 얘기를 나누게 되는 것이다. 이처럼 신입직원 매뉴얼은 업무뿐만 아니라 병원의 분위기와 직원과의 관계도 빠르게 적응할 수 있도록 하는 효과도 가지고 있다.

혹시 우리 병원에 들어온 신입이 적응하지 못하고 빨리 그만두거나 어울리지 못하고 겉돌고 있지는 않은가? 분명 알려줬는데도 모르겠다고 하거나, 매번 신입직원들을 말로 알려주는 것이 부담스럽고 힘든가? 그렇다면 우리 병원만의 신입 교육 매뉴얼을 만들어보자. 매년 신입직원들을 교육하면서 업데이트한다면 우리 병원만의 생생한 매뉴얼이 될 것이다.

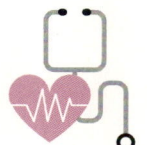

| 6장 |

FINAL_
행복한 병원종사자가 1%의 병원을 만든다

결국, 자신을 연민하는 마음을 가진 사람이 자신의 인생을 바꾸고,
타인을 향한 연민의 마음으로 리더십을 발휘해 조직을 변화시키며,
자신의 가치실현을 위해 끊임없이 노력하게 된다.
행복한 병원종사자가 1%의 병원을 만든다.

# 1
## 즐겁고 건강한 조직문화, 내가 만든다

우리가 바라는 이상적인 병원은 어떤 병원일까? 직원들의 의견이 존중받고, 환자의 컴플레인 없이 치료 잘하는 곳, 친절한 병원이라고 입소문 나는 곳, 직원들 간에 사이도 좋고 하고 싶은 일을 하면서 즐겁게 일하는 곳, 게다가 급여까지 높으면 금상첨화다.

그런데 그런 병원이 정말 있을까? 글쎄. 우리는 이런 병원이 있을 거라 생각하며 퇴사를 하고 떠나지만 결국 어딜 가나 비슷하다. 물론 조금은 다를 수 있지만 모든 조건을 다 갖춘 완벽한 병원은 없다. 그리고 그런 병원이 있다고 하더라도 나를 선택할지는 알 수 없다. 그렇다면, 내가 지금 다니는 병원을 내가 상상하고 꿈꾸는 그런 곳으로 만들어보는 건 어떨까?

나비효과는 어느 한 곳에서 일어난 작은 나비의 날갯짓이 태풍을 일으킬 수 있다는 이론을 말한다. 작은 차이가 큰 변화를 가져온다는 뜻이다. 정말 신기하게도, 선배로서 후배와 함께 일을 하다가 문득 후배를 돌아보니 알려주지 않았는데도 내가 하는 행동이나 말 습관을 환자에게 그대로 행하는 것을 볼 수 있었다. 다시 말해, 내가 환자를 배려하고 선후배를 존중하는 모습을 보이면 병원의 분위기가 환자를 배려하고 선후배를 존중하는 분위기로 바뀔 수 있다는 것이다.

R병원의 팀장은 무얼 하자고 하면 일단 투덜거리고 시작한다. 어차피 할 거면 기분 좋게 하면 되는데 투덜거림으로 시작하니 부탁하는 입장에서도 미안하고 서운한 마음이 들었다. 그러다 같은 병원 1년 차 선생님에게도 다른 일로 맡길 일이 있었다. 그 선생님은 부탁하면 늘 밝은 표정과 목소리로 "네~!" 하고 대답했었는데 어느 순간부터 팀장과 같이 툴툴거리는 것이 아닌가? 1년 차 교육을 팀장이 맡아서 해왔던지라 '툴툴거림도 배운 건가.'라는 생각이 들었다.

퇴사를 앞두고 있던 팀장이 나가고 새로운 팀장이 들어왔다. 이 팀장은 상냥한 성격에 감사하다는 말을 버릇처럼 하는 사람이었다. 진료를 보고 환자를 응대할 때도 환자가 이해했는지 확인하며 주의사항을 설명하고, 후배에게 일을 부탁할 때도 정중하게 대했다. 얼마 지나지 않아 새로운 팀장과 1년 차 후배에게 일을 부탁할 것이 있었는데, 일을 부탁하면 툴툴거렸던 1년 차 선생님이 알겠다는 말과 함께 나에게 미소를 지었다. 나비효과를 실제로 체감할 수 있었던 순간이었다.

건강한 조직문화를 만드는 데는 구성원 한 명 한 명의 선한 영향력이 필요하다. 그중에서도 조직을 이끄는 리더의 역할이 가장 크다. 내가 생각하는 건강한 조직문화는 개인의 행복과 조직의 성장을 위해 개개인의 의견이 존중받고, 즐거운 분위기가 형성되는 것이다.

책 ≪두려움 없는 조직≫에서는 조직의 심리적 안정감을 이야기한다. '심리적 안정감'은 자신의 생각을 가감 없이 자유롭게 표현하고 솔직한 피드백을 주고받으면서 생산적인 결과를 이끌어내는 분위기를 말한다. 누군가가 어떠한 의견을 말했을 때, 혹은 실수했을 때 반박하고 허점을 잡아내는 것이 아니라 의견에 대해 옳고 그름을 떠나 용기를 내준 상황 그 자체에 고마움을 표현해야 한다. 실수했을 때 허점을 잡아내 혼내기만 한다면 두려움으로 인해 성장하기도 하지만 결과적으로는 다시 실수했을 때 또 혼날까 봐 드러내지 않아 더 큰 문제를 불러오게 된다. 결과적으로 두려움은 성장의 동력이 될 수 없으며, 실패를 통한 학습을 지지하는 조직문화를 만들어야 한다.

즐거운 병원문화는 서로를 배려하고 존중하는 마음에서 비롯된다. 리더가 모든 정답을 안다는 듯이 판단하는 것이 아니라 내가 모든 답을 알고 있지는 않으며, 내 말이 곧 정답이 아닐 수도 있다는 사실을 인정해야 한다. 또 특정한 문제나 상황, 그 사람에 대해 더 알고 싶을 때는 적극적으로 질문해야 한다.

코치님들은 내가 질문을 하면 한 번에 정답을 알려주지 않으셨다. 분명 많은 경험과 연륜, 노하우로 상황의 진짜 문제와 솔루션을 알고 계셨을 텐데도 질문을 통해 틀 안에 갇혀 있는 생각을 깨뜨리고 얘기할 수 있도록 상황을 만들어주셨다. 덕분에 나는 내 감정까지도 편하게 얘기할 수 있었던 것 같다.

이처럼 서로 배려하고 존중하는 마음도 중요하고, 서로 머리를 맞대고 몸으로 부딪치며 친밀감을 높이는 시간을 갖는 것도 필요하다. 참고로 P병원에서는 둘째, 넷째 주 수요일이면 한 시간 정도 진료를 빨리 마치고 동아리 활동을 하는 시간을 가졌는데, 때론 같이 요리를 하기도 하고, 볼링을 치거나 영화를 보면서 친목을 다졌다.

이외에 꼭 무언가 활동하지 않더라도 다 같이 '소통하는 날'을 만들어서 원장님과 함께 모여 주제를 정하고 그에 관한 얘기를 나누는 병원도 있고, 목요일 점심이면 간단한 스트레칭으로 몸을 푸는 시간을 갖는 곳도 있다.

즐거운 병원문화를 만들기 위해서는 무언가 어마어마한 행동을 해야 한다는 부담감은 내려놓자. 그저 "감사합니다."라는 간단한 인사말을 통해 우리 병원에 감사문화가 자리 잡을 수도 있고, 점심시간에 책 읽는 모습을 보며 너도나도 책을 들고 와서 읽는 독서문화가 자리 잡을 수도 있다. 꼭 리더가 아닌 누구라도 좋다. 그 누군가의 작은 행동은 작은 나비의 날갯짓처럼 선한 영향력을 일으켜 조직에 즐겁고 건강한 문화를 만들어낸다.

즐겁고 건강한 조직문화는 멀리 있지 않다. 지금, 나로부터 시작해보자.

# 2
## 나를 브랜딩하는 마법의 포트폴리오

내가 2~3년 차 때만 해도 물가상승률에 맞춰 급여를 1년마다 10만 원씩 올려주는 것이 관행이었다. 이후 포트폴리오의 중요성이 조금씩 대두되면서 3~4년 차 때는 실력에 따라 급여를 다르게 받을 수 있다는 말에 어설프게나마 그 당시 만들었던 진료실 매뉴얼과 대기실 안내문, 체어사이드 상담자료를 PPT에 옮겨 포트폴리오를 완성했다.

완성한 포트폴리오와 이력서를 들고 새로운 직장에 면접을 보러 갔다. 총 두 곳에서 면접을 봤는데 포트폴리오에 대한 반응은 각기 달랐다. 한 곳은 이걸 왜 가져왔는지 이해할 수 없다는 듯한 반응이었고, 다른 한 곳은 정말 이런 것들을 다 했냐며 우호적인 반응을 보였다. 당시 어린 마음에 내가 열심히 했었고, 앞으로도 열심히 하겠다는 의지를 보여준 것인데 미지근한 반응에 아쉬운 마음이 들기도 했다. 포트폴리오는 누군가에게 보여주고 나의 가치를 인정받고자 하는 의도도 있지만, 근본적으로는 내 삶의 기록이라고도 할 수 있으니 서운하게 생각하지 않기로 했다.

나는 두 곳 다 선택하지 않았다. 때마침 다온에서 컨설팅하는 병원에서 구인을 한다는 소식을 들었기 때문이다. 대표님은 그 곳에도 제출할 이력서와 포트폴리오를 검토해주셨다. 그리고 나에게 포트폴리오에 대한 피드백을 해주셨다. 그때 '이걸 왜 했는지 동기가 없다.'라고 하셨던 말이 생각난다.

사실 나는 그 당시 세미나를 듣고 와서는 세미나에서 '이거 좋다, 저거 좋다.'라고 하면 즉흥적으로 그걸 도입했고, 나의 필요에 의해 자료를 만드는 식이었다. 피드백 해주신 것처럼 특별한 동기는 없었다. 그저 만들어야 할 것 같아서 만들었다. 그러다 보니 내 포트폴리오에는 'WHY'가 없었다. 내가 한 것들을 쭈욱 나열해서 넣기만 하다 보니 이전 매뉴얼과 달라진 매뉴얼의 전후를 비교할 수 있는 지표가 없었다. 병원마다 상황이 다르고 필요로 하는 매뉴얼도 다르다. 이 병원에서는 이전 매뉴얼에 어떤 문제가 있어서 이렇게 수정했고, 그래서 어떤 부분이 달라진 것인지를 설명해줄 그 무엇이 없었다. 나는 그저 만드는 것에만 만족하고, 스스로 잘했다고 생각했던 것이다. 만약 이직하고자 하는 병원이 이미 다 갖춰져 있는 곳이라면 왜 이렇게 만들었는지 이해하지 못하고 '뭐야 이 정도는 누구나 하는 거 아니야?'라고 생각할 수도 있었다.

포트폴리오는 자신의 이력이나 경력 또는 실력 등을 알아볼 수 있도록 자신이 과거에 만든 작품이나 관련 내용 등을 모아 놓은 자료이다. 내가 아무리 잘한다고 어필한들, '잘한다.'는 것은 지극히 주관적이기 때문에 '객관화'된 무언가가 필요한 것이다. 그렇게 만들어진 포트폴리오는 연봉협상 또는 이직을 할 때 나의 가치를 인정받을 수 있는 도구가 된다.

포트폴리오는 단순히 나의 하루 일과를 나열한 것이 아니다. 그 일과를 하면서 발생했던 문제점, 해결방안과 과정, 결과를 기록해야 한다. 그러기 위해서는 나의 업무가 무엇인지 바로 알아야 한다. 내가 매일 하는 업무, 그 중에서도 중요하게 해야 하는 업무와 주별, 월별업무를 알았다면, 그 일을 하면서 어떤 목표를 두고 일할 것인지, 또 목표를 달성하기 위해 어떻게 진행할 것인지 계획해야 한다.

환자 상담을 예로 들어보자. 환자 상담 동의율이 떨어지고 있는 것 같다면, 실제로 얼마나 동의율이 떨어지고 있는지, 무엇 때문에 동의율이 떨어지고 있는지 파악하는 과정이 필요하다.

동의율이 50%라는 것을 확인하고 90%로 올리겠다는 목표를 세웠다면, 그 다음은 계획이다. 동의율이 떨어진 이유는 단 한 가지가 아닐 것이다. 따라서 동의율을 올리기 위해 환자관리를 비롯한 상담멘트, 시각화자료 등을 갖추는 것이 필요하다는 방안이 세워지면 좀 더 구체적으로 세분화 된 실천계획이 필요하다. 그리고 기록한 것을 토대로 데이터가 쌓이면 계획대로 가고 있는지, 목표치에 도달하기 위해 어떤 부분을 더 체크하고 보완해야할지 살펴보며 점점 탄탄한 시스템을 갖춰가는 것이 정말 중요하다.

이처럼 계획하고 실행하며 피드백과 보완을 반복한 과정이 모두 포트폴리오가 된다. 과정을 무시하고 결과만 보여주는 포트폴리오는 상대의 마음을 사로잡을 수 없다. 분명한 목표를 두고 계획, 실행, 피드백, 보완단계를 거친다면 현재 상황 70%에서 목표했던 90%를 달성할 수도 있고, 달성하지 못하더라도 분명히 70% 이상의 성과를 내게 될 것이다.

나 또한 컨설턴트의 시각을 갖는 것을 목표로 하고 다온이 컨설팅하는 병원에서 일하며 매일매일 보고서를 작성했다. 처음에는 어떻게 작성하는지 몰라서 하루에 일어난 일들을 모두 작성했다. 그렇게 계속 적으면서 셀프 피드백을 하고, 코치님들의 피드백도 받다 보니 병원의 '진짜 문제점'을 바라보는 눈이 조금씩 생기고, 문제를 찾는 방향으로 생각이 트여가는 것을 느꼈다.

혹시 아직도 포트폴리오 작성이 막연한가? 그렇다면 하루를 일기 쓰듯 나열하고 그 속에서 내 생각을 기록하는 '피드백 일기'를 써보길 권한다. 단순 업무 나열이 아닌 하루를 피드백하는 일기 속에는 나의 일과 생각, 마음가짐이 들어가게 된다. 그리고 이 과정에서 머리로 생각하는 것보다는 글로 정리된 것을 보며 나의 일에 대해 정리해볼 수도 있고, 힘들었던 일이 있었다면 그 일을 돌아보고 스스로를 위로하는 마음의 힘이 생기기도 한다. 이러한 기록은 누군가에게 나의 가치를 인정받는 것에서 더 나아가 내 삶의 여정을 기록하는 멋진 자서전이 되어줄 것이다.

# 3
# 행복한 병원종사자가 1%의 병원을 만든다

다온이 컨설팅하는 병원에서 일하며 배운 것은 '내가 행복해야 다른 사람도 보듬어 줄 수 있는 힘이 생긴다는 것'이었다. 이 책은 불건강한 마음을 지녔을 때와 그때를 이겨냈던 과정, 그 후 알게 된 것을 바탕으로 썼다.

A병원에서는 잘하고 싶은 마음이 굉장히 컸다. 데스크와 진료실 업무도 실수 없이 처리하고, 후배들이 물어보는 것에는 모르는 것 없이 대답할 수 있어야 하며, 원장님과 직원들 간에 조율도 잘하는, 정말 딱 일 잘하는 팀장의 모습을 그리며 첫 일을 시작했다. 그 마음이 나를 그렇게 힘들게 할 줄도 모르고 말이다. 데스크와 진료실을 모두 케어하려고 하다 보니 어느 한 곳에도 집중할 수가 없었고 실수를 연발했다.

직원들과 친해지기도 어려웠다. 처음에는 우리의 위치가 서로 다르기 때문이라고 생각했지만 사실 아니었다. 괜한 자격지심과 내가 못하는 부분을 들킬 것 같고, 그들이 잘하는 부분을 인정하고 싶지 않았던 옹졸한 마음에 스스로 벽을 쌓았기 때문이었다. 그럴수록 자존감은 낮아지고 매일 출퇴근

하는 발걸음도 무거워졌다. 이런 마음이 극에 달하면서 '병원 일은 내게 맞지 않는 것', '나는 부족한 사람'이라는 생각과 함께 병원컨설턴트를 꿈꾸는 것이 사치처럼 느껴졌다.

그렇게 내면에서 힘겹게 싸움을 이어나갈 즈음 감사 일기를 쓰기 시작했다. 그 당시에는 살기 위해 쓴 감사 일기였는데 이를 통해 나의 내면을 들여다보고, 그 마음을 어떻게 보살펴줘야 하는지 조금씩 알게 되었다. 거기다 A병원 퇴사를 앞두고 잘하고 싶은 마음을 하나둘씩 내려놓으니 점점 마음이 편해졌다.

이후 나를 치유해준 감사 일기와 글쓰기를 돌아보며 대표님께 나와 같은 마음의 힘듦을 겪는 사람들에게 힘이 되어주고 싶다고 말했다. 대표님은 이제 막 나를 돌보는 방법을 알아가고 있는 나에게, 누구보다 나의 마음을 돌보는 데 힘이 될 거라고 하시며 유튜브 콘텐츠 〈따뜻한 조언〉을 해보자고 하셨다.

그렇게 시작한 〈따뜻한 조언〉은 내 마음을 더욱 단단하게 해주었다. 병원 일을 하면서 어려움을 겪는 사람들의 사연을 받아 각색하고 조언해주시는 것을 듣고, 나 또한 좋은 이야기를 들려주면서 나의 마음을 돌보는 데 힘이 됐다. 상처받지 않고 일하는 방법, 나의 가치를 올리는 방법 등 사연자를 위한 것이 내게 돌아와 따뜻한 마음으로 풍만해졌다. 촬영하면 할수록 내가 가장 행복해야 하고, 소중한 존재라는 것이 느껴졌다. 나는 사연과 그에 대해 나눈 얘기를 촬영하면서 한 번 듣고, 편집하면서 두 번 듣고, 영상을 올리고 나서 또 한번 들었다. 그렇게 여러 번 곱씹어 들으면서 내 과거 경험과 오버랩되어 반성하기도 하고 위로받기도 한 소중한 시간이었다.

　B병원에 입사하기 전 대표님께서 하신 '진짜 하고 싶은 것'이 무엇이냐는 물음에 답하면서 내가 언제 행복한지, 앞으로 어떤 마음으로 일해야 하는지도 깊게 고민했다. 나는 혼자서만 잘하려고 하지 않고, 남들이 더 잘할 수 있도록 도와주는 사람, 보듬어 줄 수 있는 아량을 가진 사람이 되고 싶었다.

　B병원에서도 A병원과 비슷한 문제가 일어나고 있었다. 어느 병원에나 비슷한 문제는 다 있는 것 같았다. 하지만 여기서는 혼자서만 해결하려고 끙끙 앓지 않았다. 선생님들과 함께 해결하려 했고, 나보다 더 상황을 잘 아는 선생님에게 부탁하기도 했다. 누구에게나 잘하는 것이 있고, 내가 모든 것을 잘할 수 없다는 것을 인정하고 나니 마음이 편안했다. '일을 잘한다.'라는 말을 혼자서 다 해결하는 것이 아니라, 각자 맡은 업무를 잘 수행할 수 있도록 도와주는 것으로 생각을 바꾸니 그들의 업무를 존중해줄 수 있었고, 일도 더 원활하게 돌아갔다.

　얼마 전 〈따뜻한 조언〉에서 "팀장과 실장은 혼자만 잘하려고 할수록 무너진다."라는 대표님의 말에 무척이나 공감하면서 그동안 일했던 병원에서의 생활을 돌아보았다. 무언가를 도입하고 개선하며 병원이 목표한바, 더 나은 방향으로 함께 가기 위해서는 '내 생각과 마음의 그릇을 넓히고 단단하게 만드는 것'이 중요함을 느꼈다. 나의 내면을 단단하게 하는 마음근육은 끊임없이 훈련해야 한다고 한다. 나는 지금도 내 마음속에 불건강한 생각이 자리 잡으려고 할 때면 스스로 인지하고 긍정적인 방향으로 나아가기 위해 매순간 노력하는 중이다.

사람의 감정은 전달된다. 나의 행복한 감정은 이내 겉으로 드러나 환자, 그리고 동료들에게도 좋은 영향을 미친다. 병원이든 개인이든 돈을 많이 버는 것보다 중요한 것은 나의 행복이다. 나의 행복을 추구하면서 내가 되고 싶은 모습을 바로 알고 목표를 향해 함께 나아가면 나의 가치는 높아진다. 병원은 결국 '나'가 모여 '우리'가 된 집단이다. 그렇기에 나를 연민하는 마음을 가진 사람이 자신의 인생을 바꾸고 타인을 향한 연민의 마음으로 리더십을 발휘해 조직을 변화시키며 자신의 가치실현을 위해 끊임없이 노력하게 되는 것 같다.

'직원이 행복해야 고객이 행복하고 고객이 행복해야 병원이 행복하다'라는 슬로건처럼, 나의 행복과 구성원들의 행복을 추구하며 목표를 향해 함께 나아가면 1% 병원종사자, 1%의 병원으로 자리 잡게 될 것이라 믿어 의심치 않는다.

나는 그런 사람이 되기 위해 꾸준히 노력할 것이며, 이러한 나의 작은 날갯짓으로 병원에 선한 영향력의 바람이 닿길 감히 바라본다.

## 오늘도 나는 병원에 출근합니다

**인쇄** 초판 1쇄 2021년 8월 30일
**발행** 초판 1쇄 2021년 9월  3일

**지은이**  백하현
**발행인**  김지연
**교 정**  김민정
**디자인**  임응진
**발행처**  도서출판 의학서원

**등록번호**  제406-00047호 / 2006. 3. 2
**주소**  인천광역시 연수구 송도미래로 30 송도스마트밸리 지식산업센터 D동 504호
   T. 032) 816-8070(代)   F. 032) 837-5808
**홈페이지**  www.dhsw.co.kr
e-mail  bookkorea1@hanmail.net

**정가** 16,000원
**ISBN** 979-11-6308-033-6

cover image by anan yoko / PIXTA

오늘도 나는 병원에 출근합니다